Ebner, Isabel

EHE RETTEN ODER TRENNUNG ÜBERWINDEN?

Dein Kind will kein Scheidungskind werden!

DER Beziehungsratgeber für Eltern in allen Phasen der Partnerschaft

Auflage 1

ISBN: **978-3950536904**

Herausgeber & Verlag:
Isaris

Autorin: Mag.[a] Isabel Ebner
Troyerstraße 90/1/2
A 9020 Klagenfurt am Wörthersee

Website: **https://isabel-ebner.com**

Email: ie (ät) isabel-ebner.com

Bildrechte & Lizenzen

Bildverzeichnis im Anhang des Buches

Trotz sorgfältigem Lektorat können sich Fehler einschleichen. Autorin und Verlag sind deshalb dankbar für diesbezügliche Hinweise. Jegliche Haftung ist ausgeschlossen, alle Rechte bleiben vorbehalten. Zum Zwecke besserer Lesbarkeit geht die Autorin hinsichtlich gendergerechter Sprache intuitiv und allen Geschlechtern gegenüber wertungsfrei vor. Alle vorkommenden Namen Fall-Beispiel gebender ProtagonistInnen oder Orte von Ereignissen sind anonymisiert und verändert. Allfällige Ähnlichkeiten sind zufälliger Natur.

Über das Buch. Zum Ziel des Buches:

Du bist Mama oder Papa, 24 Stunden täglich, dein restliches weiteres Leben lang. Deine und euer beider Aufmerksamkeit wird in Anspruch genommen von den Kindern. Das kann euch Eltern hart an Belastungsgrenzen, in persönliche Tiefen, Beziehungsprobleme und Ehekrisen führen. Vielleicht weißt du ja schon, was es heißt, dauernd kritisiert und kontrolliert zu werden? Vielleicht habt ihr sogar schon die eine oder andere Paartherapie und Eheberatung hinter euch gebracht? Streitereien, schlaflose Nächte, Gedankenkreisen und Sorgen um das Wohlergehen eurer Kinder zählen möglicherweise dennoch zum festen Bestandteil deines Alltags? Vielleicht steckst du auch in einem anstrengenden Rosenkrieg, der an deinen Nerven zehrt? Oder ihr könnt nicht mehr miteinander sprechen, wie du dir das von zwei erwachsenen Personen wünschen würdest? Mama oder Papa bleibst du dennoch, dein Leben lang! Die Beziehung zum Vater oder der Mutter deiner Kinder und zu den Kleinen geht weiter.

Stell dir vor, es gäbe jemanden oder etwas – ein Buch zum Beispiel. Im Gespräch oder beim Lesen würdest du erfahren: alles wird wieder gut. Es kann auch leichter gehen, egal in welchem Stadium deiner Partnerschaft oder Familiensituation du dich gerade befindest. Stell dir vor, du kannst wieder deinen Alltag genießen, ohne dauernd an Probleme mit dem Partner, Ex-Partner oder den Kindern denken zu müssen. Angst vor dem Verlassen werden, Sorgen, weil du dich allein oder verlassen fühlst, ständiges Kopfkino, was wäre, wenn dieses oder jenes passierte, könnten aufhören. Stell dir vor, du fühlst dich wieder ruhig, frei und gelassen, einfach weil du verstanden hast, warum die Dinge passieren mussten, wie sie geschehen sind, weil du gelernt hast, deine eigenen oder Verhaltensweisen deiner Nahestehenden endlich nachvollziehen zu können. Denke nur, du schaffst es nicht alles, was dein Gegenüber von sich gibt, unglaublich ernst zu nehmen. Es gelingt dir, seine beziehungsweise ihre Botschaften, die sich hinter Forderungen und Vorwürfen verbergen, ankommen zu lassen und zu verstehen. Wie wäre es für dich, endlich wieder miteinander sprechen zu können, ohne es dauernd anschreien oder kritisieren zu müssen.... In dieses Dorthin, in einen versöhnten Gefühlszustand mit dir und den aktuellen Umständen, frei nach meinem Motto „Glückliche Eltern, unbeschwerte Kinder“, darf dieses Buch euch Eltern, die ihr wahre Beziehungshelden seid, führen.

Dieses Buch beinhaltet viele Erkenntnisse, die ich in 15 Jahren praktischer psychologisch-pädagogischer Expertise aus selbständiger Beratungs- & Coachingpraxis, in der Kinder- und Jugendhilfe und aus 30 Jahren vielfältiger Aus- und Fortbildungen sowie Lebens- und Selbsterfahrung erfahren durfte. Viele Fallbeispiele erleichtern das Verständnis fachlicher Inhalte. Natürlich sind alle vorkommenden Namen Beispiel gebender ProtagonistInnen oder Orte von Ereignissen anonymisiert und verändert. Sollten wider Erwarten allfällige Ähnlichkeiten mit wem oder was auch immer auftauchen, wären diese rein zufälliger Natur. Außerdem bitte ich dich um Toleranz für meine intuitiv gewählte gendergerechte Schreibweise. Die handhabe ich so, wie ich sie für mich und zugleich stimmig für deinen Lesefluss empfinde.

Über die Autorin, Links und Ressourcen:

Ich, Mag.ª phil. Isabel Ebner helfe Eltern durch den Dschungel von Beziehungskonflikten, damit ihr ein harmonisches Familienleben genießen könnt, ohne ständig über eine Trennung nachdenken zu müssen. Auch wenn die Scheidung schon beschlossen ist unterstütze ich, einen Rosenkrieg zu vermeiden, damit ihr dennoch harmonisch leben und eure Kinder unbeschwert aufwachsen können. Ich bin Kinderbotschafterin und Wahrnehmungspsychologin und sehe mich als Wort und Stimme beide Eltern liebender Kinder.

Brauchst du tiefere Hilfe, Unterstützung oder Begleitung, wende dich gerne an mich. Ich schenke dir ein 30-minütiges, kostenloses Beratungsgespräch. Den Weg zu meinem Terminkalender und weiteren Informationen über meine Person findest du hier: https://isabel-ebner.com

Gewidmet meinen großen und kleinen Schützlingen

Inhaltsverzeichnis

Vorwort *10*

Einleitung *14*

Prolog *22*

Unumkehrbare Trennung? Warum Scheidung kommt, wie sie kommen muss *25*

Die sechs inneren Protagonisten – ich bin viele und alle reden mit – Action in deinem Unterbewusstsein 25

Die sechs inneren Protagonisten *28*

Bitte bleibt zusammen! Weil Kinder keine Scheidungskinder werden wollen. *111*

Vier Fragen, die über den Erfolg deiner Beziehung entscheiden - Präventionsmechanismen zur Verhinderung von Scheidungsleid *116*

Fallschirmfrage Nummer 1: *117*

Fallschirmfrage 2 .... *148*

Fallschirmfrage 3 .... *152*

Die Henkersfrage für jegliche Beziehungsgesundheit *156*

Niemand kann gewinnen *163*

Tipps für Scheidungseltern *170*

Praktische Tipps für Scheidungseltern, wenn die Trennung vor der Türe steht oder schon vollzogen ist *174*

Was kannst du für dich selbst als Person tun? *174*

Was also kannst du nun tun, um solche Stressphasen bestmöglich durchtauchen zu können? *190*

Was kannst du für dich und eure gemeinsamen Kinder tun? 201

Was kannst du im Sinne deiner Kinder für eine zukünftige konstruktive Beziehungsqualität auf Elternebene tun?...222

Über mich und Kurzbiografie...226

Kurzbiografie Mag.ª Isabel EBNER...................................229

Frustriertes Mädchen ermüdet von den Elternkämpfen..236

Vorwort

Kann man eigentlich ein Geleitwort für das Buch einer Person schreiben, die man persönlich gar nicht kennt? Diese Frage stellte ich mir, **bevor** ich das Buch gelesen hatte. **Nachdem** ich es gelesen hatte, war mir allerdings sehr schnell klar, warum die Autorin ihre Einladung ausgerechnet an mich herangetragen hatte. Natürlich ging es ihr um eine fachliche Stellungnahme und Expertise aus der Perspektive einer Scheidungsanwältin. Was sie aber nicht wissen konnte, waren die Gefühle, die mich bei der Lektüre bewegten, nämlich: Was für ein wundervolles, internettes Zusammentreffen von „Ähnlichtickern”. Das Buch könnte ich geschrieben haben - zumindest in großen Teilen: ähnliche Erfahrungen, eine ähnliche Blickperspektive auf die Welt, einfache, leicht verständliche UND umsetzbare Tipps (im Volksmund PRAKTISCH genannt) und eine ganz wichtige Zutat in herausfordernden Lebenslagen: Humor.

Angesichts des wichtigen Themas Trennungskinder, das von vielen als schwer und belastend empfunden wird, grenzen unsere Gemeinsamkeiten und Hilfestellungen für Eltern an ein Wunder.

Ein weiterer deutlicher Beweis dafür, dass der Zufall immer wundervolle Arbeit leistet ist, dass Sie das Buch nun in Händen halten. Sie haben das Buch gefunden oder umgekehrt, das Buch Sie. Weil Sie aus Ihrer aktuellen Situation das Beste für Ihr Kind machen möchten. Von einigen wird der Zufall ja auch als „göttliche Energie” oder „schicksalshafte Fügung” bezeichnet. Dieses Buch bietet

Ihnen die Chance, sich von der Allgemeinheit abzuheben, die Trennung und Scheidung mit Scheitern gleichstellt. Für Sie ergibt sich durch die Auseinandersetzung mit seinem Inhalt die Möglichkeit, Chancen und Möglichkeiten für eine gehaltvolle Zukunft für sich und Ihre Kinder zu finden. Sie fühlen und erfahren: alles kann (wieder) gut für Ihr Kind und für Sie selbst werden. Sie wissen nur noch nicht, wie diese Lösungswege aussehen. Nun haben Sie dieses Buch VOLLER Antworten auf Ihre Fragen gefunden.

Dieses Buch ist anders. Es ist innovativ. Sein Inhalt geht mitten ins Herz.

Ich bin zutiefst dankbar, dass die Autorin ebenfalls einen ganzheitlichen Blick auf die Trennungsproblematik hat, weil das Gesetz, mit dem wir Juristen z.B. in Deutschland arbeiten, von 1900 ist. Viele Trennungs- und Scheidungspaare verharren in Streit und Mangel, anstatt sich auf Fülle und die Schätze, die unsere Kinder sind, zu konzentrieren. Höchste Zeit also für eine Neugestaltung der familienrechtlichen Gesetzeslage Deutschlands. Stellen Sie sich vor, im Computerzeitalter würden Sie noch mit Feuersteinen arbeiten!

Da die Kinder unsere Zukunft sind, haben sie unser Bestes verdient; nicht nur oberflächlich im Außen und materiell gesehen.

Wirklich wichtig ist eine Behandlung der Kinder aus dem Herzen heraus. Sie brauchen ein Fundament, auf das sie in ihrem Leben vertrauen können.

Es geht nicht um bedürftige, verletzte Befindlichkeiten der Eltern. Es geht um das Überleben der kindlichen Freude und eines ausgelassenen Kinderlachens. Heiraten kann jeder, sich kindgerecht trennen nicht! Das muss man lernen und üben.

Interessanterweise ist an dieser Stelle in unserem Nachbarland Österreich, woher die Autorin stammt, auf juristischer und tatsächlicher Ebene einiges anders: Die Rechte der Kinder aus der UN-Kinderrechtskonvention sind in Verfassungsrang erhoben worden UND Eltern, die sich trennen möchten, sind verpflichtet, sich diesbezüglich bei Fachleuten für die Situation und zur Unterstützung des Kindes beraten zu lassen. Sonst gibt es keine Scheidung. Bravo!

Die Trennung der Eltern ist für Kinder eine gefährliche Ausnahmesituation. Mehr denn je geht es daher um liebe- und verständnisvolle Begleitung durch beide Elternteile, die sich zurückzunehmen haben, damit bei dieser wichtigen Weichenstellung ein guter Weg für die weitere Entwicklung des Kindes eingeschlagen werden kann. UND DAS GEHT! Nicht die Trennung ist das Desaster, sondern die Art und Weise des Verhaltens der Eltern. Erziehen bedeutet Begleiten. Für Kinder geht es um ein Eröffnen von Perspektiven, um das Stärken von Stärken sowie um Rückhalt und um Möglichkeiten, Vertrauen ins Leben zu entwickeln.

Herzlichen Glückwunsch, dass Sie dieses Buch, diesen Sack voller Lösungsansätze in Händen halten. Lesen und schauen Sie aus Brille der Zuversicht auf Ihr Leben und das Ihrer Kinder. Sie sind nicht allein!

Herzlichst,

Ihre Sylvia Schodruch

Die *Paragraphensylvia*

Die ganzheitliche, lösungsorientiert arbeitende Familienanwältin und Trennungsmentorin

https://www.paragraphensylvia.de

Einleitung

Dieses Buch ist Kindern gewidmet. Dieses Buch ist für Kinder geschrieben. Dennoch handelt es sich nicht um ein Kinderbuch. Dieses Buch richtet sich an Eltern. An Eltern, die eine Trennung oder Scheidung hinter sich haben. An Trennungspaare, die wissen wollen, was sie tun können, um dafür zu sorgen, dass es ihren Kindern mit den neuen Lebensumständen seelisch und mental so gut wie möglich geht. An Scheidungseltern, die Wege suchen, wie sie den neuen Alltag für ihre Kinder und zugleich für sich selbst entspannter gestalten können. Aber auch an Eltern, die von vornherein wissen wollen, was sie tun können, um eine gehaltvolle Paar- und Elternbeziehung leben und ihren Kindern einen Hort der Geborgenheit bieten zu können. Sinn und Zweck ist, dabei zu helfen, einerseits Leid und insbesondere Kinderleid präventiv zu verhindern und andererseits Leid zu lindern, wo solches durch Streit und Konflikte zu Trennung und Scheidung geführt hat.

Scheidungskinder leiden ganz besonders.

Meine langjährige Erfahrung in der Kinder- und Jugendhilfe hat mir gezeigt, dass insbesondere Scheidungskinder Gefahr laufen, zu Problemkindern für ihre Eltern und damit auch für sich selbst zu werden. Hat ein Kind Probleme, kann es überangepasst oder zu einem „Revoluzzer“ oder sogar zu einem „Systemsprenger“ werden. Die größte Angst eines Revoluzzer-Kindes ist häufig, von den Eltern und seinem Umfeld nicht (mehr) geliebt zu werden. Das kann dazu führen, dass es sich selbst nicht liebt und es im Sinne

„Angriff ist der beste Weg zur Verteidigung" Verhaltensstrategien entwickelt, die es ihm ersparen, sein sich ungeliebt Fühlen zu spüren. Natürlich gibt es noch viele weitere kreative Verhaltensweisen, die Kinder entwickeln können, um sich eine „sichere" Innenwelt zu schaffen, in die sie flüchten können, wenn sie das Gefühl haben, sich nicht auf ihre Eltern verlassen zu können.

Häufig brauchen Kinder, deren Eltern sich scheiden ließen oder sich in Trennung und Scheidung befinden, jahrelang Therapie, um die entstandenen seelischen Schmerzen verarbeiten und heilen zu können. Hilfesysteme können – so gut es ein Sozialstaat mit den Kleinsten auch meinen mag, – oft nur marginal unterstützen. Häufig können sie gar nicht mehr helfen, wenn ein Kind durch elterliche Trennungskonflikte das geborgene Nest, die innere Stabilität und die Orientierung verloren hat.

Dabei benötigt ein Kind nur sehr wenig, um glücklich zu sein. Was es am meisten braucht, sind glückliche Eltern. Auch Eltern wollen glücklich sein – miteinander als Paar und gemeinsam oder auch getrennt mit den Kindern. Nicht umsonst stehen die Werte "Familie und Kinder" in Gesetzgebung und staatlichen Fördermöglichkeiten an vorderer Stelle.

Geht es den Eltern gut, geht es den Kindern gut. Aus diesem Grundgedanken heraus – aus Sicht und Perspektive liebender Kinder – ist dieses Buch von mir geschrieben worden.

Meine zweite Grundannahme ist, dass ein Kind seine Eltern (und zwar beide Elternteile) immer liebt, mindestens auf Seelenebene. Auch wenn das für manche Eltern vielleicht nicht oder nicht mehr wahrnehmbar ist.

Beziehungen leben ist eine allumfassende Angelegenheit, deren Komplexitäten dieses Buch beschreiben und vereinfachen will. In Beziehung steht man immer, gleichgültig, ob man in einer Zweierbeziehung oder in einer Ehe lebt, Kinder bekommen hat oder kinderlos geblieben ist. Beziehungsqualitäten verbessern lassen sich jedenfalls immer. Alle Beteiligten profitieren davon. Eltern haben sich für ihr Elternsein entschieden und sind in meinen Augen wahre Beziehungshelden. Schon deshalb, weil sie mehr Verantwortung übernommen und diese zu tragen haben.

Dieses Buch soll Eltern das Leben miteinander und die Gemeinschaft mit ihren Kindern erleichtern. Damit Kinder wachsen und gedeihen können, weil Eltern gleicherweise wachsen und gedeihen.

Häufig befinden sich Scheidungseltern emotional in einem unglaublich harten Prozess. Insbesondere dann, wenn „Untreue" Thema ist beziehungsweise war, und/oder einer der Beziehungsbeteiligten einen neuen Partner gefunden hat. Zumeist quält sich mindestens ein Elternteil und ist auf der Suche nach Ursachen und Schuld für das Scheitern der Partnerschaft. Entweder wird die Schuld selbst anklagend bei sich gesucht oder aber der sich trennende Partner ist Übeltäter oder Übeltäterin, der oder die aus dem einmal gegebenen Ehrenwort „wir bleiben zusammen, bis dass der Tod uns scheidet" ausgebrochen ist. Auch ist es oft nicht einfach für Eltern, Kindern den Grund für die Trennung von Mama und Papa zu erklären. Scheidungskinder machen sich fast immer verantwortlich für elterliches Leid und Streit. Unbewusst und bewusst suchen sie Fehler für die dramatische Lebenssituation bei sich selbst. Wenn an ihnen nichts falsch wäre und sie keine Fehler gemacht hätten, dann ginge es den Eltern doch gut?

Was nun, wenn es Schuld gar nicht gäbe?

Was, wenn es sich ausschließlich darum handelte, dass sie es nicht besser wissen konnten, weil es niemandem gesagt wurde? Was, wenn nur Wissen gefehlt hätte? Wissen, das hilft, die bestehende Beziehung auf eine freudvollere und gehaltvollere Stufe zu stellen. Wissen, das unterstützt, die ausgelaufene Partnerschaft nicht nur für die gemeinsamen Kinder, sondern auch für den eigenen Selbstwert und das eigene Wohlbefinden mindestens auf eine wertschätzende Elternkommunikation heben zu können?

Diese Erkenntnisse soll mein Buch wie ein Buffet anbieten, von dem man sich nehmen kann, was einem guttut. Alles, was dieses Buch anbietet, soll guttun.

Von jedem Wissensbrocken sollen die Leserin und der Leser für sich und die gemeinsamen Kinder profitieren. Mein Buch möge dazu beitragen, eine heilere Innenwelt zu schaffen, die anschließend nach und nach die Außenwelt positiv mit- und neugestalten wird.

Unbewusste Mechanismen

Der erste Teil des Buches befasst sich mit den unbewussten Mechanismen, die in uns wirken und die Ursache unserer aktuellen Lebenssituation sind. In diesem Abschnitt soll Schuld auf allen Ebenen relativiert werden. Der Mensch ist ein faszinierendes, hochkomplexes Wesen. Treffen zwei Personen aufeinander, potenziert sich einerseits diese Komplexität und andererseits das eigene sowie das gemeinsame Potenzial. Überdimensional viel Potenzial ergibt sich, kommen neue Lebewesen (Kinder) mit in die Beziehung. Dadurch wird die Komplexität dynamischer.

In diesem ersten Teil des Buches lernst du, wie du mit deinen dich umgebenden nahestehenden Personen auf unbewusster Ebene interagierst, was dich leitet und was mögliche Ursachen für nachvollziehbares oder auch unlogisches Handeln sein können.

Vice versa erfährst du außerdem, wie dein Gegenüber tickt. Warum es dazu in der Lage ist, treffsicher wunde Punkte bei dir zu finden. Auch erfährst du mehr darüber, was es heißt, dass dir dein Gegenüber deine Triggerpunkte und blinden Flecken aufzeigt oder wo du stellvertretend verdrängte Verhaltensmuster für deinen Partner oder deine Ehefrau auslebst.

Beziehungsqualität

Der zweite Teil des Buches betrachtet die Qualität deiner Beziehung. Es nimmt Stellung dazu, welche Grundhaltung und welches Verhalten du entwickeln kannst, möchtest du die Beziehungsqualität mit deinem Partner, deiner Partnerin oder mit anderen Beziehungspersonen in deinem nahen Umfeld verbessern. Du erfährst, wie du lernst, auf authentische Art und Weise zu kommunizieren und wie deine Kinder genau durch deine verbesserte Kommunikationsfähigkeit profitieren können. Falls du dich vom zweiten Elternteil schon getrennt hast, besteht dennoch die Möglichkeit, die Beziehungs- und Kommunikationsqualität zu diesem zu verbessern. In diesem Abschnitt erfährst du, was eine Beziehung braucht, um wachsen und gedeihen zu können. Genau das ist ein unglaublich großes Geschenk für eure gemeinsamen Kinder!

Bedenke bitte: Solltest du mit dem zweiten Elternteil nach eurer Trennung oder Scheidung in Streit und Zwist verbleiben, leiden eure gemeinsamen Kinder enorm. Irgendwann bekommt Ihr beide als Eltern leider auch die Rechnung dafür präsentiert. Das zumindest habe ich in zehn Jahren sozialpädagogischer Praxis in der Kinder- und Jugendhilfe wiederholt erlebt. Diese stets wiederkehrenden Beobachtungen von dramatischen Ereignissen, Situationen und Lebensgeschichten von Kindern und Jugendlichen (in weiterer Folge auch Eltern) waren der Auslöser für dieses Buch.

Selbstfürsorge – Fürsorge für andere

Im dritten Teil des Buches geht es darum, was du für dich selbst und für deine Kinder tun kannst, wenn es schon so weit sein sollte und du dich im Trennungsprozess oder in der Nachscheidungsphase befindest, um wieder in Kraft, Freude und Stabilität zu kommen. Dieser Abschnitt gibt einerseits Inspirationen zur Selbstfürsorge und Gestaltung des neuen Lebensalltags. Andererseits gilt hier insbesondere auch: So schmerzhaft deine Situation aktuell auch sein mag, du bist Mama, du bist Papa. Du bist erwachsen. Es ist wichtig, als erwachsene Person dorthin zu gelangen, den Alltag für die Kinder so gestalten zu können, dass sie dich in deiner Kraft und Liebe und auch den zweiten Elternteil in seiner Ganzheit beanspruchen, erleben und lieben dürfen. Dieses Buch soll dir tröstend helfen und es dir erleichtern, diese Ziele für deinen Nachwuchs zu erreichen. Im Sinne und aus der Perspektive liebender Kinder liegt der Hauptfokus dieses Teiles des Buches darauf, was du tun kannst, um präsent für deine Kinder zu sein und den anderen Elternteil in dessen Größe zu belassen, in der eure gemeinsamen Kinder ihn brauchen, wenngleich du möglicherweise deine persönliche Konfliktphase mit dem/der ExpartnerIn noch nicht überstanden hast.

Im Sinne deiner dich liebenden Kinder: Viel Freude, Gehalt und einen guten persönlichen Prozess in deine Kraft, Liebe und wahre Größe wünscht dir von Herzen

deine Isabel

Mag.[a] phil. Isabel Ebner

Kinderbotschafterin & Wahrnehmungspsychologin.

*Wort und Stimme liebender Kinder*Prolog

Prolog

Ich weiß es noch, als wäre es gestern gewesen. Ich sitze im Auto. Neben mir Simon. Wir befinden uns am Heimweg. 20 Minuten lang spreche ich mit ihm keinen Ton, so zornig bin ich auf diesen Jungen. Ausgenutzt hat er meine Gutmütigkeit! So respektlos, so verachtend hat mich in meiner gesamten sozialpädagogischen Ära noch keiner behandelt. Dabei kenne ich den Buben kaum und er mich ja auch nicht. Ich bleibe bei einem Nahversorger stehen. Brauche etwas zum Essen. Hatte aufgrund des Verhaltens des Jugendlichen den ganzen Tag keine Möglichkeit gehabt, etwas zu essen. Jetzt bin ich am Verhungern. „Ich gehe mir was zu essen holen", gebe ich ihm kurz und knapp Bescheid. „Darf ich mir auch etwas zu trinken holen?", fragt Simon. Ich nur kurz: „Klar!", zur Antwort gebend, stapfe in den Nahversorger und überlasse den Buben sich selbst, nachdem ich natürlich die Sicherheit der Lage überprüft hatte.

Die Zeit im Geschäft nutze ich zur Reflexion. Meine Neigung, Gefühle und Emotionen anderer Personen aufzunehmen wie ein Schwamm, ist mir bewusst. Erkenne an dem Verhalten, das der Bub mir gegenüber an den Tag gelegt hat, was alles in ihm vorgehen, wie er sich häufig fühlen dürfte. Ich erkenne ungefähr, wie viel Wut, Zorn und Ohnmacht, ja sogar Hass dieses Kind in sich gespeichert hat.

Weiterfahrend frage ich den Buben: „Sag, Simon! Was habe ich dir eigentlich getan, dass du so abwertend mit mir umgehst, dass du mich den ganzen Tag in der prallen Hitze auf dich warten lässt, obwohl ich großzügig zu dir war und dir den größtmöglichen Spaß ermöglicht habe?" Simon ist ein professioneller Snowboarder. Meine Talente halten sich da etwas in Grenzen. Ich komme zwar überall runter, aber in einem Tempo, das einen Profisportler eher weniger begeistern dürfte. Deshalb hatte ich Simon angeboten, dass er vom Berggipfel zur Talstation zweimal fahren dürfe, während ich mir meine Zeit nehmen würde. Vereinbart war, dass wir uns anschließend bei der Talstation treffen würden. Ergebnis war, dass mich der Jugendliche circa von 11 bis 15:20 Uhr warten ließ. Damit verbunden war für mich ein unglaublicher Stress, weil ich für sein Wohlergehen während gemeinsamer Unternehmungszeiten verantwortlich war und zur Haftung herangezogen werden konnte. Es könnte ihm ja auch etwas passiert sein, Profisportler hin oder her. Mit beiden Eltern war ich durchgehend im telefonischen Kontakt. Damals wohnte Simon im sogenannten „Doppelresidenzmodell", eine Woche bei seiner Mutter und eine Woche bei seinem Vater. Beiden Elternteilen war ein solches Verhalten ihres Sohnes nicht fremd. Dankenswerterweise beruhigten sie mich unabhängig voneinander. Zur Angst und meinen sonstigen Gefühlswallungen gesellte sich die brütende Hitze der Sonne, die mir den Schweiß von der Stirn strömen ließ. Irgendwann musste ich mich dann doch erleichtern und entledigte mich zugleich meiner schweren Schuhe und des Helms. Zuvor hatte ich einen Liftwart gebeten, die Stellung und nach Simon Ausschau zu halten. Auch einen Polizisten hatte ich um Unterstützung gebeten. Sein Angebot, eine Vermisstenanzeige abzugeben, lehnte ich die Lage immer wieder befühlend, dankend ab. Um 16:00 Uhr würde mir ohnehin nichts mehr anderes übrig bleiben, weil da die Liftstationen schließen. Endlich erspähte ich um 15:20h den Jugendlichen beim Lift. Sprintete zu ihm und hieß ihn mitzukommen, wir würden heimfahren. Diskussion erlaubte ich in dem Moment keine mehr.

„Sie haben sich in meine Familie eingemischt!", gab mir Simon zur Antwort auf meine Frage. „Mein Vater mag Sie nicht und meine Mutter auch nicht!"

Was dem Fass außerdem den Boden ausschlug war, dass Simon die Situation einfach umdrehte und mir die Schuld an dem Verlauf dieses Tages gab. Er unterstellte mir, ich sei zu dumm gewesen, zu verstehen, wo der vereinbarte Treffpunkt gewesen sei. Er habe dann keinen Bock mehr gehabt, auf mich zu warten. Interessante Strategie, schlauer Bub! Und das, obwohl er dieses Skigebiet wie seine Westentasche kannte und mich sehr wohl verstanden gehabt hatte in meiner Vorgabe, wann wir uns wo treffen würden.

Unumkehrbare Trennung? Warum Scheidung kommt, wie sie kommen muss

Die sechs inneren Protagonisten – ich bin viele und alle reden mit – Action in deinem Unterbewusstsein.

Im Jahr 2005 hatte ich ein sehr einprägendes Erlebnis. Ich hatte gerade am zweiten Bildungsweg mein Psychologiestudium erfolgreich beendet und meine Diplomarbeit fertig geschrieben. Soldatinnen in den österreichischen Streitkräften waren mein Thema, zu dem ich international geforscht hatte.

Beim Bundesheer in Österreich waren zur damaligen Zeit ganze 211 Frauen im aktiven Bundesheereinsatz tätig. Immerhin hatte ich es geschafft, 22 von ihnen, das waren mehr als zehn Prozent der weiblichen Soldaten, zu interviewen.

Da es mir wichtig war, über die Zusammenarbeit und das Zusammenwirken von Frauen und Männern zu schreiben, hatte ich zuvor acht männliche Soldaten interviewt. Da ich die GesprächspartnerInnen alle in ihrer Freizeit befragt hatte, verbrauchte ich für diese Arbeit einen Fahrtaufwand von über 4800 Kilometern. Meine Interviews und Forschungsergebnisse waren extrem spannend, teilweise überraschend, jedenfalls sehr interessant für die Wissenschaft und die Allgemeinheit.

Für die Fertigstellung dieser Arbeit hatte ich zwei Jahre benötigt. Ich war so dankbar, ein solch aufschlussreiches –

und für die österreichischen Soldaten und Soldatinnen nützliches – Werk vollbracht zu haben.

Beeindruckt von den Ergebnissen und begeistert über die Fertigstellung meiner Studie saß ich im Büro des elterlichen Betriebs und druckte die 187 Seiten mit dem Großdrucker meines Vaters auf Spezialpapier zum Binden aus. Währenddessen der Drucker seinen Job erledigte, versendete ich voller Enthusiasmus die soeben fertiggestellte Arbeit an alle an meinem Werk mitwirkenden Frauen und Männer mit einem herzlichen Dankeschön für deren Mithilfe. Plötzlich schoss mir ein jäher Angstgedanke durch den Kopf: „Diese Arbeit hast du noch nicht an offizieller Stelle eingereicht und schon verschenkst du sie an die Menschen! Was, wenn sie dir jemand vor deiner Nase wegschnappt oder die Universität aufgrund dieses Akts die Arbeit nicht mehr als Magisterarbeit anerkennt?" Diese mit Selbstvorwürfen gespickte Frage verursachte in meiner Magengegend ein flaues Gefühl von Übelkeit, so sehr verängstigte und verärgerte mich mein naives und vorschnelles Handeln.

Das Spannendste aber kommt jetzt: Mein Vater bekam intuitiv mit, dass ich gerade meine Arbeit an die Interviewpartnerinnen versendet hatte. Und was passierte nun? Er äußerte haargenau die gleichen Gedanken, die mir gerade selbst durch den Kopf gegangen waren und mir mein Bauchweh verursacht hatten. Jedoch vorwurfsvoller, als ich jemals dazu in der Lage gewesen wäre. Und ausführlicher noch dazu. Seine Kritik war nicht enden wollend und steigerte meine Angst ins Unermessliche. Passiert ist schlussendlich gar nichts. Alles ging gut aus. Die Arbeit brachte mir ein Verlagsangebot und schließlich sogar einen Dozentenauftrag an der Theresianischen Militärakademie in

Wiener Neustadt ein. Zwei Jahre lang durfte ich dort neben einer der namhaftesten Universitätsprofessorinnen und Psychotherapeutinnen Österreichs mein Wissen an österreichische Offiziere weitergeben.

Doch was lernte ich aus diesem Erlebnis und aus vielen weiteren Ereignissen mit sonstigen, mir mehr oder weniger nahestehenden Menschen, in deren Gesichtern mein eigenes Bauchweh wahrzunehmen war?

Du denkst dir etwas und keine Minute später spricht eine andere Person genau die gleichen Ansichten aus? Kann mein Gegenüber etwa meine Gedanken lesen? Handelt es sich um positiven Inhalt, ist ja alles gut. Wehe jedoch, wenn nicht!

Wie kommt es, dass Außenstehende deine Gefühle und Gedanken identifizieren und diese im schlimmsten Fall sogar gegen dich verwenden können?

Die sechs inneren Protagonisten

Beim Zusammentreffen zweier Menschen sind zwei lebende Wesen und sechs gespenstische Scheingestalten im Spiel.

(Martin Buber)

Meine eigene, lebenslang praktizierte Persönlichkeitsentwicklung bezeichne ich gerne als „Selbstveredelungsprozess“. Daraus sowie aus meiner jahrelangen Forschungsarbeit mit SoldatInnen des Österreichischen Bundesheeres und aus meiner Praxiserfahrung mit vielen Hundert KlientInnen, kristallisierten sich für mich mit der Zeit die (wichtigsten) sechs inneren Protagonisten auf der Persönlichkeitsebene heraus. Diese finden auch im Außen, im Lebensalltag ihre jeweiligen Entsprechungen.

Diese sechs inneren Protagonisten in dir interagieren und kommunizieren auf unbewusster Ebene miteinander – im positiven, wie im destruktiven, negativen Sinn. Jeder deiner sechs inneren Protagonisten hat einen äußeren Repräsentanten. Diese lassen sich im täglichen Lebensumfeld finden. Sicher kennst du Situationen, in denen dir jemand sagte: „Aus dir spricht gerade deine Mutter!“ Oder: „Du klingst wie dein Vater!“. Vielleicht ist dir Ähnliches schon bei einer anderen Person aufgefallen?

Beschäftigst du dich beobachtend mit dieser Thematik, findest du heraus, was die Wahrheit „Dein Gegenüber ist dein Spiegel" dir Wertvolles zu schenken hat. Du bekommst die Möglichkeiten, übernommene „Realitäten" zu reflektieren und zu verändern sowie Projektionen, Überzeugungen und Glaubenssätze zu relativieren und für dich in positives Potenzial für dein weiteres Leben zu verwandeln.

> Dein Bauchweh siehst du immer zuerst
> im Gesicht deines Gegenübers.
> Aber es ist sehr ungesund, dein Bauchweh
> in seinem Gesicht heilen zu wollen!
>
> (Christa Brugger)

Dieses Sprichwort kann dir für eine neue Form wertschätzender Kommunikation sehr dienlich werden. Bei diesem hier handelt es sich im Grunde genommen um eine schönere Formulierung der Volksweisheit, man sollte zuerst vor der eigenen Türe kehren, bevor man über andere ein Urteil fällt.

An einer anderen Person stören oder kränken uns in erster Linie Eigenschaften und Handlungsweisen, die uns bei tiefergehender und ehrlich reflektierter Betrachtung von uns selbst, bei uns persönlich vertraut sind. Bei anderen stören uns meistens Verhaltensweisen, die wir bei genauem Hinschauen selbst anwenden oder in der Vergangenheit praktiziert haben. Mangelnde tiefergehende Selbstreflexion bietet uns starke Grundlagen für bleibende Zustände des Gekränkt- und Verletzt Seins.

Gesellschaftlich oder ethisch negativ bewertete Eigenschaften oder Handlungsweisen, die wir nicht kennen oder selbst nicht besitzen, sind uns im Grunde genommen fremd und werden infolgedessen von uns neutral oder zumindest nicht negativ bewertet. Der renommierte Mediziner für Psychosomatik und Psychiatrie sowie Psychotherapie Univ. Prof. Dr. Joachim Bauer erklärt uns die inneren Prozessverläufe von Projektionen auf neurobiologischer Zellebene[1]:

Ein Gegenüber aktiviert in uns, ohne es zu beabsichtigen und unabhängig davon, ob wir dies wollen oder nicht, eine neurobiologische Resonanz. Verschiedene Aspekte seines Verhaltens wie Blickkontakt, Stimme, Mimik, mimischer Ausdruck, Körperbewegungen und konkrete Handlungen rufen in uns ein Spektrum von Spiegelneuronen hervor. Dabei gehen dieselben Nervenzellnetze in Resonanz, die aktiv werden würden, wenn wir selbst das Gleiche täten, was wir gerade bei einem anderen Menschen beobachten.

Das Resonanzmuster, das nahestehende Personen in uns hervorrufen, wird innerhalb kurzer Zeit zu einer festen Installation. Es entsteht eine dynamische innere Abbildung dieses Menschen, komponiert aus dessen lebendigen Eigenschaften: dessen Vorstellungen, Empfindungen, Körpergefühlen, Sehnsüchten und Emotionen.

Über eine solche innere Repräsentation einer nahestehenden Person zu verfügen heißt, so etwas wie einen weiteren Menschen in sich zu haben. Denn einen haben wir ja schon in uns: uns selbst.

Unser Selbst und neben diesem die Repräsentationen anderer, die wir in uns etabliert haben, zeigen also die merkwürdige Tendenz, aufeinander abzufärben. „Im System der Spiegelneuronen begegnen sich die Vorstellungen, die wir von uns selbst haben und die Bilder, die wir uns von anderen machen. Umso wichtiger ist die Frage, wie wir beides auseinanderhalten, unser Selbst und die Repräsentationen anderer Menschen" (ebd. S. 85ff).

Die sechs Hauptprotagonisten deines Unterbewusstseins, deines Innenlebens sind

1. das innere Kind

2. die innere Frau oder der innere Mann

(je nachdem, ob du eine Frau oder ein Mann bist)

3. die innere Mutter

4. der innere Vater

5. das Elternpaar beziehungsweise deine Gesamtfamilie als System und

6. der (potenzielle) innere, meist gegengeschlechtliche Partner

Aha. Simon wollte mich also für etwas, das ich ihm in seinen Augen vermeintlich angetan hatte, sanktionieren. Beziehungsweise, wen auch immer er bestrafen wollte, mich als Isabel kannte er ja kaum. Ich als Person diente ihm im Augenblick und auch für die nächste Zeit nur als Projektionsfläche, war sozusagen seine Sparringpartnerin. Der Bub musste also aus irgendeinem Grund auf irgendwen, vermutlich seine Mutter oder seinen Vater, sehr zornig sein.

Auf wen er emotional derart aggressiv reagierte, dass er einem Bestrafungsbedürfnis nachging, würde ich schon noch herausfinden.

„Jetzt mach mal halblang, junger Mann! Wer von uns beiden hat sein Zimmer auseinandergenommen, ich oder du? Wer von uns hat Möbel zerstört, ich oder du? Wer von uns beiden hat seine Mama geschlagen? Wer von uns hat es fast geschafft, dass ihn die Schule rausschmeißt? Damit eines klar ist, lieber Simon, wenn jemand dafür gesorgt hat, dass ich in deine Familie komme, dann bist das du! Du hast der Schule und dem Jugendamt gezeigt, dass es dir schlecht geht, sogar sehr schlecht. Und mein Job ist es, dafür zu sorgen, dass es dir mit deinen Eltern und deinen Eltern mit dir gut geht. Und diesem Job werde ich nachkommen. Deine Mama arbeitet übrigens super mit! Du hast jetzt zwei Möglichkeiten! Entweder arbeitest du mit an den Zielen, die ihr mit dem Jugendamt und mit mir vereinbart habt, dann wirst du mich ziemlich zügig wieder los, oder du boykottierst die Zusammenarbeit. So wie du das heute super erfolgreich gemacht hast, dann werde ich dich sehr lange begleiten!“ Sowohl Simon schadenfrohes Grinsen, als ich ihn beim Skilift abgefangen hatte als auch seine Wut bei seinem Vorwurf, ich hätte mich in seine Familie eingemischt, waren verschwunden. Schweigsam setzten wir unsere restliche Fahrt zu seinem Zuhause fort.

Meine Gedanken gingen währenddessen spazieren. In mir arbeitete es. Ich fühlte mich in den Jungen ein, fühlte mit ihm und nahm ihn in seiner Verzweiflung, in seiner Wut und in seinem Zorn, in den Emotionen, in denen er sich eingeigelt hatte, wahr. Ich war neugierig, ob es mir gelingen würde, ihm da wieder herauszuhelfen. Zugleich fragte ich mich, wie pflegte der Jugendliche mit seiner Mutter und mit seinem Vater umzugehen und welche Gefühle löste er dort mit seinem Verhalten aus? Wie entsprach das äußere Bild, zumindest mein erster äußerer Eindruck, des Buben den inneren Kindern der geschiedenen Eheleute Herr und Frau Simonuti?

Erste Antworten erhielt ich beim gemeinsamen Reflexionsgespräch mit seiner Mutter. Diese behandelte der Junge an diesem Abend sehr schnoddrig. Stellte auch sie als begriffsstutzig hin und blieb bei seiner These, ich sei zu dumm gewesen, den vereinbarten Treffpunkt zu checken. Natürlich wusste Frau Simonuti, dass die Rechtfertigung ihres Sohnes aus der Luft gegriffen war. Was sie ihm auch auf eine humorvolle Weise rückmeldete. Simon jedoch blockte alles ab und holte sich trotz des mütterlichen Verbots sein Tablet. Hinter dem erlaubte ihm seine Mutter, sich eine Zeit lang zu verkriechen, bis sie ihn dazu gemahnte, es wieder herauszurücken und seine noch offenen Hausaufgaben zu erledigen. Widerspruchsfrei nahm der Bub diesen Auftrag freilich nicht hin. Innerhalb meiner nächsten Besuche stellte es sich heraus, dass Simon seine Mama noch viel frecher und respektloser zu behandeln pflegte als an diesem Abend.

Das verwunderte mich sehr, zeigte Frau Simonuti mir gegenüber zwar eine distanzierte, jedoch eine sehr klare, strukturierte, auf das Wohl ihres Kindes bedachte, konstruktive Haltung und auch die entsprechenden Verhaltensweisen. Pünktlich war die Frau außerdem. Während der gesamten Zeit, in der wir zusammenarbeiteten, vergaß sie keinen einzigen Termin wahrzunehmen. Kam ihr einmal, was sehr selten geschah, doch etwas dazwischen, vereinbarte sie vorab telefonisch mit mir einen neuen Termin.

Wie konnte es dazu kommen, dass der Junge seiner Mutter an diesem Abend und in weiterer Folge jegliche Autorität raubte? Wo waren die Auslöser zu finden, dass Simon seine Mutter in ohnmächtige Situationen zwang? Wie konnte es geschehen, dass einer so klaren Frau, die beruflich selbst in verantwortungsvoller Position tätig war, von ihrem Kind immer wieder jegliche Handlungsmöglichkeiten aus den Händen gerissen wurden? Diese kindlichen Handlungsstrategien lösten nicht nur Schmerz und Leid bei der Mutter aus, sondern auch viel Angst um das Leben und Wohlergehen ihres Kindes. Wie unglaublich schwer mussten diese wiederholten Situationen der Ohnmacht und des Ausgeliefertseins für diese verantwortungsbewusste und disziplinierte Frau zu ertragen sein? Wie und mit welchen Glaubenssätzen sowie Überzeugungen musste Frau Simonuti innerlich mit sich selbst hadern und sprechen und auf welche Weise kommunizierte sie mit ihrem äußeren Umfeld und das Umfeld umgekehrt mit ihr?

1. Das innere Kind

Den (unbewussten) emotionalen Zustand deines inneren Kindes spiegeln dir auch deine leiblichen Kinder wider. Hast du selbst keine, beobachte, ob du sonstige Kinder in deiner Nähe hast, die dir besonders auffallen. Dies können Nichten oder Neffen oder auch des Nachbars „Schlingeln" sein.

Gibt es Kinder in deinem Umfeld, die dir besonders unangenehm auffallen, zeigen dir diese Wesen auf, dass in deinem Inneren so manche deiner Sehnsüchte ungestillt sein dürften. Fühlst du dich emotionell ausgeglichen, fallen dir lärmende oder sonst wie respektlose Kinder kaum ins Auge.

Kindliche Verhaltensweisen, die uns unangenehm auffallen, zeigen uns häufig den verborgenen, emotional verwahrlosten Zustand unseres eigenen inneren Kindes. Oder – wenn wir bei näherem *Hin*fühlen wahrnehmen, dass unser persönliches inneres Kind satt, gut versorgt, zufrieden und ausgeglichen ist, zeigen uns solche „ungezogenen" Kinder oft den emotional verwahrlosten Zustand der inneren Kinder beziehungsweise des inneren Kindes ihrer Eltern auf. Konflikte auf der Elternebene sind häufig Ursache für kindliches Leid, das dann auf unterschiedlichste Weisen Ausdruck und Ventil finden kann. Die jugendlichen Revoluzzer-Generationen als Spiegel der Gesellschaft konfrontieren uns als Kollektiv mit den emotional verwahrlosten Befindlichkeiten vieler Eltern.

Rache an der Gesellschaft als Langzeitnegativfolgewirkung verwahrloster innerer Kinder:

Die Geburt ist nicht ein augenblickliches Ereignis,
sondern ein dauernder Vorgang.
Das Ziel des Lebens ist es, ganz geboren zu werden
und seine Tragödie, dass die meisten von uns sterben,
bevor sie ganz geboren sind.

(Erich Fromm)

Kennst du Menschen, die sich immer wieder über die vielen lärmenden, konsumierenden, häufig betrunkenen und spielsüchtigen Kinder und Jugendlichen aufregen? Was zeigen uns diese Kinder und Jugendlichen eigentlich auf?

Schau dich mal um, wenn du spazieren gehst oder im Kaffeehaus sitzt und beobachte mal die Menschen und was sie so tun. Mütter und Väter joggen mit Ohrstöpseln in den Ohren, das Handy am Arm befestigt, den Kinderwagen vor sich herschiebend. Auch im Wald kommen Sportler häufig nicht ohne ihr Musik oder sonst was wiedergebendes Gerät aus. Im Café oder Restaurant sitzen sich Paare gegenüber. Vergessen miteinander zu sprechen, weil einer von ihnen entweder telefoniert oder beide mit ihren Augen das Handy fixieren. Die Social Media Welten haben Massen von Menschen unter ihre Fittiche genommen und fest im Griff. Zu Hause läuft der Fernseher oft den ganzen Tag. Der Schrei der Stille scheint für viele Menschen unerträglich zu sein. Gestresste Unternehmer, Führungskräfte, Angestellte jagen von einem Termin zum nächsten, lenken sich ab mit allem

Möglichen. Menschen verlieren den Bezug zu sich selbst. Im Hamsterrad des Alltagstrotts verhaftet leben Partner häufig nur mehr nebeneinander her statt miteinander. Ängste nehmen überhand: die Angst, den Job zu verlieren, die Angst vor finanziellen Verlusten, die Angst verlassen zu werden, die Angst vor der Pandemie, die Angst, sich mit was auch immer anzustecken, etc. Ängste lassen Erwachsene in Scheinwelten flüchten. Spielsucht und Pornosucht nehmen zu, seit der Pandemie auch bei der jungen Generation in der Altersklasse zwischen 25 und 30 Jahren[2].

Erwachsene spüren sich oft nicht mehr, haben sich selbst verloren. Wie geht es dir, wenn du die Zeilen liest? Kennst du betroffene Menschen in deinem Umfeld oder stehst du vielleicht auch selbst vor ähnlichen Herausforderungen dieser Art? Die vielen lärmenden, konsumierenden, häufig betrunkenen und spielsüchtigen Kinder und Jugendlichen geben ihren bestmöglichen Einsatz, um Eltern und Gesellschaft als Spiegelbilder zu dienen, sie aufzurütteln und zum Umdenken zu motivieren. Irgendwer muss doch den Dampf ablassen, der sich durch den gesellschaftlichen Leistungsdruck, den sich die Erwachsenen auferlegen, aufbaut. Wer aber erledigt diese Arbeit des Dampfablassens, wenn die betreffenden Erwachsenen selbst dieser Aufgabe nicht nachkommen? Natürlich deren liebende, aber in ihrer Hilf- und Perspektivenlosigkeit zornige Kinder, die mangels elterlicher Zeit und Aufmerksamkeit selbst an einem nur fortgeführten Aufmerksamkeits- und Abenteuerdefizitsyndrom laborieren!

Kann der erhöhte Zustrom zu Terrororganisationen in letzter Zeit vielleicht als ein krönendes Beispiel dafür angesehen werden, was passieren kann, wenn Kinder in ihren Sehnsüchten und Bedürfnissen vernachlässigt werden und dabei emotional verwahrlosen? Häufig zeigen Kinder durch ihr zum Teil drastisches Verhalten dem Elternsystem oder dem gesellschaftlichen Kollektiv an, dass eine andere Richtung zu gehen, eine Umkehr notwendig ist oder neue, andere als die bisher getroffenen Entscheidungen fällig sind. Ratsam wäre es nun zu schauen, was es braucht, wohin es gehen soll und darf, damit Kindern und Jugendlichen die Last eines Verhaltensextremismus wieder genommen werden kann.

Dein Job: Nähre dein inneres Kind!

Wenn jeder für sich selbst sorgt, ist für alle gesorgt. (Volksweisheit)

Wie geht es dir mit den lauten und ungehorsamen Kindern, die dir im Alltag so über den Weg laufen? Wie geht es dir mit deinem eigenen Kind, mit deinen eigenen Kindern? Was kannst du beobachten? Kannst du wahrnehmen, was sie dir über die Bedürfnisse deines persönlichen inneren Kindes mitteilen wollen? Es ist sehr ratsam, dein inneres Kind zu pflegen und zu hegen, falls du zu den Erwachsenen gehörst, die sich über die lauten und ungehorsamen Kinder aufregen. Noch besser aber ist es, wenn du die Unzufriedenheit und unerfüllten Sehnsüchte deines inneren Kindes in den dir unangenehmen Verhaltensweisen der äußeren Kinder erkennst. Das ermöglicht dir außerdem, ihnen für ihre Signal- und Auftragswirkung dankbar zu sein.

Daher kann es notwendig sein, emotional zu arbeiten, um konstruktiv und kanalisiert an einem vertrauten Ort Dampf abzulassen. Es ist wichtig, sich auch immer mal wieder zu entladen. Energetisch-psychologische Methoden können dir dabei große Unterstützung geben. Oder aber Rückzug und warme, weiche Pelzchen[3] an einem Ort der Geborgenheit

können angesagt sein! Oftmals kann es ratsam sein, sich gezielt zuerst der ersten Aufgabe und dann der zweiten zu widmen.

Brauchst du Techniken, um eine konstruktive Handhabe für negativ bewertete Gefühle und Emotionen zu lernen und anzuwenden? Willst du deine Gefühlsemotionen beherrschen können, statt dich umgekehrt von ihnen dirigieren zu lassen? Dann empfiehlt es sich jedenfalls, dir dies mit professioneller Hilfe zu erarbeiten. Auch gesellschaftlich verpönte und

tabuisierte Gefühlsemotionen[4] wie Wut, Zorn und Hass bergen ein enormes positives Energiepotenzial, das sich konstruktiv und effektiv für das Erreichen von Zielen, mindestens aber zur Verbesserung von Kommunikationsmustern einsetzen lässt.

Sind Selbstempathie und Selbst-Fürsorge angesagt, kannst du ein Eigenverwöhnprogramm in Gang setzen, indem du dich fragst, was dein inneres Kind denn jetzt im Moment wirklich braucht.

Antworten auf Fragen wie ...

- Wie geht es meinem inneren Kind/Jugendlichen jetzt?
- Was fühlt mein inneres Kind/Jugendlicher/Revoluzzer im Moment?

- Was brauche ich jetzt momentan wirklich?
- Was fehlt mir in der aktuellen Situation?
- Womit kann ich mir und meinem inneren Kind jetzt eine Freude bereiten?
- Womit diene ich mir und meinem inneren Kind am meisten?
- Welche Energie nährt mich und mein inneres Kind?
- Welche Art von Zuwendung stärkt mich und mein inneres Kind aktuell?
- Welche Möglichkeiten der Selbst- und/oder Situationsveränderung würden mir und meinem inneren Kind Kraft geben?

... können dir Erleichterung und Wohlbefinden bringen. Nebenbei nimmt die Umsetzung der daraus resultierenden Aufgaben deinen Kindern oder denen in deinem nahen Umfeld die unbewusst übernommene Verantwortung für dein emotionales Wohl zu sorgen, von den Schultern.

Ein persönliches und besonders anschauliches Beispiel, welchen Einfluss unzufriedene innere Zustände und Befindlichkeiten auf Kinder haben können, erzählt das berühmte Psychologenehepaar Lency und Chuck Spezzano in seinen Vorträgen über den Einfluss von Liebesbeziehungen auf Faktoren wie Harmonie, Erfolg, Gesundheit und Glücklichsein:

Das Baby der Spezzanos war ein Schreibaby. Nichts konnte das Kind beruhigen. Durchgehend musste es von Lency oder eben Chuck gehalten und getragen werden. Beide

Paarbeteiligten fühlten sich mit ihren Nerven am Ende. Die Paarbeziehung war zum Stillstand gekommen und befand sich in einer handfesten Krise. Einer plötzlichen Eingebung folgend organisierte Chuck für sich und seine Frau ein Rendezvous, eine kurze Auszeit. Weil die beiden ihr Baby nicht allein lassen wollten und konnten, engagierte Chuck eine Person, die sich im Nebenzimmer um das Wohlbefinden des Säuglings kümmerte und veranstaltete für sich und seine Frau kurzerhand ein Picknick im Ehebett.

Die beiden verlebten nach langer Zeit wieder einmal einen wundervollen, energie- und kraftspendenden Abend für sich. Dass sie auf diese Weise auch ihre Partnerschaft stärkten, versteht sich von selbst. Was die beiden jedoch am meisten erstaunte, war, dass der Säugling am nächsten Tag das friedlichste Kind war. Ab diesem Zeitpunkt achteten die beiden regelmäßig auf die Pflege ihrer Beziehung. Sowohl das Ehepaar als auch das Baby erlebten deutlich mehr Frieden und Harmonie als zuvor[5].

Du wirst erstaunt sein darüber, wie dankbar und friedlich dein Umfeld reagiert, wenn du es schaffst, in angemessener Weise liebevoll für das Wohl deines persönlichen inneren Kindes zu sorgen. Eine empathische und mitfühlende Grundhaltung deinem inneren Kind gegenüber legt auch die Basis, für die wirklichen emotionalen Bedürfnisse deines leiblichen Kindes sensibler und offener zu werden.

„Befriede den Krieg in dir und du befriedest die Kriege auf der Erde. Sorge für Frieden in dir und du sorgst für Frieden in der Welt!“ Lebst du nach dieser Devise, ist der mindeste Gewinn, den du aus der Umsetzung dieser Lebenshaltung ziehst, die Absicherung deiner mentalen, energetischen und körperlichen Gesundheit. Dein inneres Kind zeigt dir, wie das geht!

Bist du gewissen Situationen oder Ereignissen ohnmächtig und handlungsunfähig ausgeliefert, bleibt dir oftmals gar nichts anderes übrig, als loszulassen und den Dingen ihren Lauf zu lassen.

Simon zwang seine Mutter immer wieder zum Loslassen. Zum Loslassen von Perfektion, zum Loslassen von Überzeugungen, wie etwas auszusehen hätte, damit Ergebnisse als akzeptabel zu werten sind. Frau Simonuti lebte mit ihren drei Kindern im elterlichen Wohnhaus. Simon hatte noch zwei jüngere Zwillingsschwestern. Sie koordinierte und gestaltete den eigenen und den kindlichen Alltag – auch mit Hilfe und Unterstützung der Großeltern – sehr strukturiert und diszipliniert. Beim Vater in dessen häuslicher Umgebung verlief dieser ganz anders.

Herr Simonuti war ein netter, humorvoller und charismatischer Versicherungsmakler. Anfangs freute er sich über die vom Jugendamt erhaltene familiäre Unterstützung, über die Zusammenarbeit und meinte: „Ich finde die Maßnahme ja echt super. Glaube aber nicht, dass sich meine Ex-Frau darauf einlassen wird." Herr Simonuti lebte in einer schönen, geräumigen Wohnung am elterlichen Anwesen, in der er seinen beiden Kindern genug Platz bieten konnte. Sein Außendienstjob erforderte von ihm ein hohes Maß an Flexibilität. Er war viel unterwegs, der Bub im großelterlichen Umfeld häufig sich selbst überlassen. Das gleiche Maß an Flexibilität, das sein Job und sein Netzwerk ihm abverlangten, forderte der Vater von seinen Kindern und insbesondere auch von seiner Ex-Frau ein. Hausaufgaben waren dann und wann oft nicht erledigt, Termine überschnitten sich mit den wöchentlichen Aufenthalten seines Sohnes, bei Snowboardrennen oder -trainings konnte der Vater sehr zur Enttäuschung von Simon auch oft nicht dabei sein. Dann kam mal ein Urlaub dazwischen oder eine längere Fortbildung.

Das alles geschah immer wieder sehr kurzfristig. Frau Simonuti blieb nichts anderes übrig, als immer wieder ihre eigenen Pläne über den Haufen zu schmeißen, um den Sohn statt beim Vater, bei sich zu Hause sicher aufgehoben zu wissen. Herr Simonuti schenkte Simon

Markenkleidung, ein Motorrad und sonstige Sachen, um ihn für seine Abwesenheiten versöhnlich zu stimmen. Das notwendige Pensum an Lern- und Hausaufgaben aufzuholen, oblag anlässlich der Umstände wiederholt der Kindesmutter. Für den Vater war alles frei von Dramatik. Alles war begründbar. Schließlich verschuldete sein Außendienstjob diese Situationen. Es half auch nichts, dass ich Simons Bedürfnissen zugunsten mein Bestes gab, seine Eltern in der Terminkoordination und Einhaltung der Vereinbarungen zu unterstützen.

Der Bub wollte die gegebenen Wohnumstände unbedingt aufrechterhalten. Seine Mutter gab trotz ihres massiven persönlichen Grolls aufgrund der selbstverständlichen Forderungen ihres Ex-Gatten ihr Bestes, dem Jugendlichen seinen Vater so häufig wie es eben ging, zu ermöglichen. Dennoch kam es zu dem Punkt, dass Herr Simonuti darum bat, dass sein Sohn zur Gänze im mütterlichen Haushalt leben solle. Er würde seinen Besuchsrechten und damit einhergehend auch seinen Verpflichtungen nachkommen. Es dauerte freilich eine Zeit lang, bis Herr Simonuti mit dieser Bitte an seine Ex-Frau herantrat. Viele Gespräche mit beiden Elternteilen, viel Flexibilität und Improvisationen des mütterlichen Haushalts waren notwendig, damit der Kindesvater in die Lage kommen konnte, seine Ex-Gattin um Hilfe zu bitten.

Und Simon? Schafft es ein angehender Teenager, so viel Flexibilität und Verständnis für die väterlichen Bedürfnisse aufzubringen, um diese Vorgehensweisen verstehen und nachvollziehen zu können? Oder war es vielleicht kein Wunder, dass Simon seine angehäufte Enttäuschung, seinen Zorn und seine Wut gegen seine Mama richtete?

Bis zu diesem Tag jedenfalls durfte, ja musste Simons Mutter viel in Sachen Pflege des inneren Kindes zur Sättigung der eigenen inneren Bedürfnisse lernen. Sie durfte an Einfühlungsvermögen und Empathie für sich selbst gewinnen. Die Fehlertoleranz für sich und das Verhalten von Simon, vor allem auch für das väterliche Handeln steigern und sich in Selbstfürsorge üben.

2. Deine Geschlechtsidentität(en): deine innere Frau oder dein innerer Mann

Wenn zwei miteinander schlafen,
sind mindestens vier oder
mehr andere Personen beteiligt.

(Otto F. Kernberg)

Diese Instanz ist, unabhängig von deiner sexuellen Orientierung – nach deinem inneren Kind – der zweite innere Hauptprotagonist oder die zweite innere Hauptprotagonistin. Dein innerer Mann, wenn du ein Mann bist und deine innere Frau, wenn du weiblichen Geschlechts bist.

Diese, deine Geschlechtsidentität will heilen. Sie hat das Ziel zu gesunden. Ganz zu werden. Erwachsen zu werden. „Lebten wir in einer Gesellschaft, die einer gesunden und normalen Entwicklung förderlich wäre, würde jeder, was seine Persönlichkeitsstruktur betrifft, der Kindheit zur selben Zeit entwachsen, wie dies auch in körperlicher Hinsicht geschieht. Doch eine solche Gesellschaft existiert nicht.“[6]

All die negativen Dinge, die wir uns Menschen im Allgemeinen nachsagen, nämlich dass wir gierig, neidisch, bestechlich, apathisch, dumm, hasserfüllt, grausam oder Ähnliches seien, „sind Symptome des menschlichen Kindseins. Das menschliche Kindsein jedoch ist selbst nur ein Symptom jener Krankheit im Innersten, der alle anderen entspringen: der Angst.

Die meisten Menschen hören etwa im Alter von zehn oder zwölf Jahren auf, sich weiter zu entwickeln. Der durchschnittliche Siebzigjährige ist oft ein zehnjähriges Kind, das sechzig Jahre lang im Dienst war. Unsere Gesellschaften sind von menschlichen Kindern für menschliche Kinder gemacht, woraus der sich selbst reproduzierende Charakter dieses schaurigen Leidens sich ebenso erklärt wie ein Großteil der Dummheit, der wir auf dieser Welt begegnen.

Die menschliche Kindheit ist der dem Ego verhaftete Zustand. Bei Kindern ist dies ein gesunder und natürlicher Zustand. Bei erwachsenen Menschen jedoch ist es ein abscheuliches Gebrechen. Die einzige Chance, dass ein solcher Defekt unentdeckt und unbehandelt bleibt, besteht darin, dass alle gleichermaßen davon betroffen sind, und genau das ist der Fall", beschreibt Jed McKenna seine Ansicht zu dieser Thematik auf gnadenlose Weise. (vgl. McKenna 2009, S. 44 ff.)

Deine Identität strebt allerdings danach, erwachsen zu werden und in Balance und Harmonie zu kommen. Zu diesem Zweck will sie sich mit dem inneren gegengeschlechtlichen Partner verbinden. Das in Balance Kommen der Geschlechtsidentität ist bei genauer Betrachtung ein fortlaufender, ganzheitlicher Genesungsprozess. Dieser betrifft die geistige, emotionale und zugleich körperliche Ebene. Er beschert im Resultat ganzheitliches Erwachsensein und Gesundheit in allen Schichten des Seins. Da schlussendlich alles miteinander verbunden ist, mündet der ganzheitliche Genesungsprozess in den damit verbundenen wahrhaftigen persönlichen Erfolgsweg und physisch gleichzeitig in einen ausgeglichenen Gesundheitszustand.

Es ist nie zu spät, diesen authentischen Weg zu beschreiten, auch in sehr fortgeschrittenem Alter nicht. Die Basis für körperliche Gesundheit ist psychisch/geistig-emotionale Gesundheit. Auch wenn du diesen ganzheitlichen Genesungsprozess erst spät beginnst, kannst du damit zumindest einen „Status“ der inneren Ausgeglichenheit und Zufriedenheit erreichen.

Dein wahrer Erfolgsweg geht einher mit dem Finden deines Lebenszwecks und deiner Berufung. Erkennst und verfolgst du die darin enthaltenen Aufgaben, gelangst du schrittweise in deine wirkliche Kraft, deine wahre innere Größe und dein strahlendes Charisma. Diese, deine echte Authentizität macht dich einzigartig, attraktiv und interessant. Du strahlst Wahrhaftigkeit und Wesentlichkeit aus. Um im Erreichen dieser Ziele erfolgreich zu sein, muss sich deine innere Identität jedoch von drei weiteren dominanten Instanzen lösen. Natürlich betrifft dieser Prozess dich als Ganzes – im Innen wie im Außen. Allerdings geht die innere Feldbereinigung und Lösungsarbeit den äußeren Ereignissen voraus.

Der Prozess des menschlichen Erwachsenwerdens nach dem deine innere Geschlechtsidentität strebt – der wahre Erfolgsweg der inneren und äußeren Balance, wird von Jed McKenna als Aufgabe verstanden: „Alle, die sich im Stadium der menschlichen Kindheit befinden, Kinder ausgenommen, sollten sich für nichts anderes interessieren als für die Frage, wie man sich von spirituell erstickenden, emotionalen Ketten befreien und ein wahres, echtes Leben führen kann. Seine Aufmerksamkeit auf etwas anderes zu richten heißt, sich vor der wahren Lebensreise zu drücken.“ Wir sollten „uns aufmachen zu Lebensreisen von solcher Erhabenheit, dass das egoverhaftete Leben im Vergleich dazu gar kein Leben ist." (ebd. S. 35ff)

Die drei Protagonisten, die deine unbewussten Gedankengänge größtenteils beherrschen,

sind deine innere (und äußere) Mutter, dein innerer (und äußerer) Vater und dein inneres (und äußeres) Elternpaar beziehungsweise deine Primärfamilie als System, dem du schließlich und endlich entstammst.

3. Deine innere Mutter

Im Außen wird diese von deiner leiblichen Mutter repräsentiert, unabhängig davon, ob diese noch lebt oder schon verstorben ist. Wurdest du statt von deiner leiblichen Mutter von einer Pflegemutter großgezogen, ist es sehr wahrscheinlich, dass du dir neben den bewussten und unbewussten Werten deiner biologischen Mutter auch die Lebensgrundhaltungen und Werte deiner Pflegemutter zu den deinen gemacht hast. Ein solcher Prozess der unbewussten Programmierung wird in der Psychologie „Introjektion“[7] genannt. Da solche Prozesse unbewusst verlaufen, ist davon auszugehen, dass die Zeit im Mutterleib die prägendste für die Entstehung von unbewussten Werten, Glaubenssätzen und Überzeugungen ist. Während unseres Heranwachsens im Mutterleib und auch während unseres Reifeprozesses lange danach können wir nicht zwischen uns und der mütterlichen Bezugsperson unterscheiden. Ab dem dritten Geburtstag ungefähr beginnen wir, unser eigenes Ich zu entwickeln.

„Wenn das Kind angefangen hat, seinen Intellekt zu benutzen, um das anzuschauen, zu begreifen, was andere sehen, fühlen oder hören, wenn es also erfahren kann: „Ich bin. Ich existiere. Ich sammle Erfahrungen, nehme auf und gebe. Außer meinem Ich gibt es ein Nicht-Ich, das in einer gemeinsamen Welt außerhalb von mir existiert“, dann erfährt es sich als „Ich“[8]. Die kleinkindliche Wahrnehmungsfähigkeit ist in dieser gesamten Alterszeitspanne multidimensional. Wir nehmen das ganze Universum in uns und um uns herum fühlend wahr. Alle Informationen aus unserer Umwelt saugen wir ungefiltert auf. „Vom Säugling bis zum reifen Erwachsenen erfährt der Mensch eine Linie der „Seinskontinuität“, in der er alle Interaktionen, alle seine beteiligten Erfahrungen zusammenfasst zu einer Einheit des „Ich“ oder des „Selbst“[9].

Befindlichkeiten, Haltungen, Glaubenssätze, Überzeugungen, Werte und Meinungen der uns umgebenden geliebten Menschen saugen wir wie Schwämme auf. Wie volle Schwämme können wir uns in diesem frühen Stadium und lange Zeit danach nicht selbst auswringen.

Dieses sich selbst Entleeren von überflüssigem Ballast, den wir unbewusst denjenigen Erwachsenen abgenommen haben, die wir am meisten lieben, steht uns im Erwachsenenleben bevor und bleibt uns meiner Vermutung nach nicht erspart. Der eine erledigt diese Herausforderung früher, der andere später. Zu tun ist diese Aufgabe des psychischen Dekodierens – wann auch immer – von uns allen. Und gerade dabei helfen uns im Erwachsenenalter die Personen, mit denen wir uns umgeben. Diese stellen sich uns für diese seelischen Meisterleistungen zur Verfügung und dienen uns dabei als unsere Lehrmeister.

In Anbetracht dieser Umstände und der daraus resultierenden Entwicklungschancen teilt die Autorin nicht die von den meisten Motivationscoaches und Erfolgstrainern vertretene These, „man solle sich nur mit wohltuenden und positiven Menschen umgeben“[10]. Dieser Ansatz mag möglicherweise das Erreichen von beruflichem und materiellem Erfolg beschleunigen. Jedoch sind Errungenschaften dieser Art nur kleinere Teilaspekte eines möglichen ganzheitlichen Lebenserfolgs. Entscheidende Faktoren, die dich auch innerlich, sprich auf allen Ebenen rundum erfolgreich fühlen lassen, fehlen. Du wirst diese kleinen Teilaspekte bewusst oder unbewusst vermutlich nur als Scheinerfolge bewerten.

Wenn du dir innerlich deinen Erfolg selbst nicht glaubst, kann dies dazu führen, dass du wieder oder sogar immer wieder all deine materiellen Errungenschaften verlierst, wie dies auch Kurt oft passiert ist:

Kurt ist ein hochbegabter, begnadeter und angesehener Finanzwissenschaftler, der es in seinem Leben schon einige Male zu vielen Millionen Euro Vermögen gebracht und dieses jedes Mal wieder verloren hat.

Auch aktuell hat es der Stehaufmann dank seiner besonderen Fähigkeiten und Gaben abermals ganz nach vorne geschafft. Wieder gelangte er auf das internationale Parkett in den Bereich des *Who is Who*, wo sich Kurt gerne zu Hause fühlt oder fühlen würde. Sieht man Kurt nämlich genau an – nimmt man ihn intuitiv als Person und Wesen in seiner Ganzheit wahr, ahnt man, dass einiges nicht stimmig ist, der Schein spiegelt das Sein von Kurt sozusagen nicht wider. Der 65-Jährige ist ein Zyniker und Sarkast. Zynismus und Sarkasmus sind freilich bloß eine Ummantelung von sehr tief sitzenden Ängsten. Anders ausgedrückt sind diese Denk- und Handlungsweisen nur zwei Ausdrucksformen von Selbstschutz. Jemand, dessen Identität instabil ist und der sich innerlich selbst infrage stellt, hat das Bedürfnis, sich nach außen zu schützen. Jemand, der sich seinen dargebotenen Status, sein präsentiertes Sein nicht glaubt, befürchtet unbewusst, von anderen Menschen demaskiert zu werden. Zynismus und Sarkasmus sind bei genauer Betrachtung Handlungsstrategien von Angriffen als bestmögliche Verteidigung des zur Schau gestellten Selbst.

Fühlte sich Kurt wirklich in seiner authentischen männlichen Kraft, bedürfte dieses menschliche Genie weder seines Selbstschutzes noch seines beißenden Spotts. Er besäße die Fähigkeit, Meinungen und Gefühle anderer neben den seinen als gleichwertig zu akzeptieren. So aber bemüht Kurt sich, durch Abwertungen von Auffassungen anderer und gesellschaftlicher Werte, seine Person in den Augen der Zuseher zu erhöhen. Dies ist ein deutliches Signal dafür, dass er selbst nicht wirklich an seine Fähigkeiten und Verdienste glaubt und sich diese nicht zugesteht. Nebenbei erwähnt ist Kurt mit einer Frau verheiratet, die ihn genauso anspruchsvoll, fordernd, abwertend und spöttelnd behandelt, wie dieser Mann unbewusst im Inneren mit sich selbst und nach außen hin mit seinem Publikum umgeht.

Im Laufe seiner weiteren Lebenserfolgskarriere lernt Kurt mit professioneller Unterstützung hinter das Offensichtliche der Dinge zu blicken. Er entdeckt, dass seine Gattin für ihn nur seine eigenen unbewussten Negativglaubenssätze und Überzeugungen über sich selbst ausdrückt.

Auch bemerkt Kurt im Lauf der gemeinsamen Arbeit mit seinem Persönlichkeitscoach, wessen ungelöste Themen er unbewusst ausgelebt hatte. In seinem Fall war es das Bestreben seiner Mutter, ihren Sohn in seiner Kindheit schon auf ein (aus ihrer Wahrnehmung) hartes Erwachsenenleben vorzubereiten. Ihrer durch eigene Lebenserfahrungen erlangten Überzeugung nach würde es für ihren Buben nur möglich sein, im harten Konkurrenzkampf des Erwachsenenlebens zu überleben, wenn er ein gestählter und gestandener Mann werde. So lernte Kurt schon sehr früh, dass das Leben hart und Mitmenschen alle Rivalen sind.

Um ihn dementsprechend zu stärken und abzuhärten, wählte seine Mutter – durch die eigene Vergangenheit geprägt – für Kurt besonders strenge Erziehungsmethoden. Immer wieder trichterte sie ihrem Kind ein, unfähig zu sein. Mit diesen Aussagen motivierte sie ihr Kind, ihr das Gegenteil zu beweisen, was dem Buben und später dem erwachsenen Mann auch gelang. Kurts Mutter freilich war im Lauf seines Erwachsenenlebens stolz auf ihren Jungen. Kurt selbst allerdings glaubte lange Zeit, seine Mutter habe Recht und machte ihre ausgedrückte Haltung unbewusst zu der seinen. Im Laufe seines Lebens scheiterte Kurt wiederholt. Heute würde man negativ motivierende Erziehungsmethoden unabhängig von noch so gut gemeinten Intentionen in das Feld der Schwarzen Pädagogik einreihen. Bis in die Neunzigerjahre des 20. Jahrhunderts waren solche Strategien gang und gäbe und prägten die Persönlichkeitsstrukturen vieler Eltern und Großeltern.

Innere Glaubenssätze, resultierend aus der heimlichen (von der Mutter übernommenen) Überzeugung, unfähig zu sein, waren treibende Kraft von Kurts unbewusstem Scheitern. Die innere Mutter zu entmachten war in seinem Fall der Schlüssel zu seinem nachhaltigen Erfolg. Durch das Bewusstwerden seiner Geschichte mithilfe professioneller Begleitung hat dessen Genesungsweg begonnen. Und dieser ist kein Einzelfall. So wie es Kurt geht, ergeht es den meisten Menschen. Die heilsamsten Lehrmeister für unseren Weg in den ganzheitlichen Erfolg, das spirituelle Erwachsensein und die emotionale Meisterschaft sind eben und gerade jene Menschen, die uns durch ihre Aussagen und ihr Handeln mit uns persönlich sowie mit unserem Mitgefühl für uns selbst verbinden.

Wie erging es Frau Simonuti? Kannst du dich noch an meine anfänglich gestellten Fragen erinnern? Wo waren die Auslöser zu finden, dass Simon seine Mutter in ohnmächtige Situationen zwang? Wie konnte es geschehen, dass ihr von ihrem Kind immer wieder jegliche Handlungsmöglichkeiten aus den Händen gerissen wurden? Was wollte ihr Simon mit seinen übergriffigen Gewalttätigkeiten sagen? Zwar verfügte Frau Simonuti über klare, direkte und strukturierte Eigenschaften. Sie machte einen organisierten, ordentlichen und verlässlichen Eindruck. Dieser Eindruck wurde von ihrem Ex-Gatten grundsätzlich auch bestätigt. Für diesen war sie zum Teil zu streng, zu diszipliniert, zu stur, zu dogmatisch unterwegs. Er habe da nicht mithalten können.

Dennoch fehlte es ihr bei genauer Betrachtung insgesamt an Autorität. Frau Simonuti hatte nicht die Möglichkeit, sich selbst, ihre eigene Persönlichkeit auszuleben. Sie hatte sich keine Entfaltungsmöglichkeiten, keine stabile Basis geschaffen. Sie war nicht die Herrin im eigenen Haus. Nicht nur Simon nahm ihr wiederholt ihre Würde. Im Hintergrund wurde Frau Simonuti in ihren Haltungen und Handlungen von ihrem Ex-Mann scheinbar empathisch und verständnisvoll laufend hinterfragt. Gemeinsam mit ihren Eltern unter einem Dach lebend, gestattete Frau Simonuti jenen, sich durch ihre Wohnung und ihr Wohnzimmer in den gemeinsam genutzten Garten zu begeben, wie es ihnen beliebte. Ihre Wohnung war zu jeder Tages- und Nachtzeit einsehbar und begehbar. Die Großmutter meinte es gut mit den Enkelkindern. Wenn um halb sechs abends noch kein Abendessen durch die Kindesmutter zubereitet am Tisch stand, rief die Oma die Kinder kurzerhand zu sich nach oben und servierte ihnen das ausständige Abendmahl. Freilich nicht ohne bei der Tochter das flaue Gefühl in der Magengegend zu hinterlassen, sie sei eine schlechte Mutter, die sich zu wenig um ihre Kinder kümmere. Grenzen und Intimsphäre hatte die junge Familie kaum.

Der nächste Aufgabenbereich, in dem Frau Simonuti im Interesse ihrer Kinder Unterstützung erhielt, umfasste also die innere und äußere Stabilisierung der kindes-mütterlichen Autorität und Führungsrolle. Dafür war es erforderlich, die belastenden Themenbereiche mit dem Großelternpaar gemeinsam anzusprechen und es ins Boot zu holen. Beide, Opa und Oma, waren dafür zu gewinnen, die Führungsrolle ihrer Tochter zu stärken und darauf zu achten, Frau Simonutis Person und Verhalten künftig vor den Enkelkindern nicht mehr infrage zu stellen. Sie waren auch davon zu überzeugen, sich künftig darauf zu konzentrieren, die gleiche Sprache zu sprechen wie deren Mutter. Wie bei einer Fußballmannschaft: Frau Simonuti musste der Trainer werden und bleiben dürfen, benötigte aber ein gutes Co-Trainer-Paar für die anspruchsvolle Alltagsgestaltung mit ihren Kindern, deren Gewohnheiten nicht alltäglich waren und bestmöglich von allen Beteiligten gefördert wurden.

Gerade Begleiter wie EhepartnerInnen oder Kinder, die in uns wunde Punkte „triggern", das heißt negative emotionelle Belastungen in uns auslösen, sind unbezahlbare Lehrer auf dem Weg zu unserem wirklichen Potenzial, das in uns schlummert. Treffsicher finden nahestehende Personen unsere blinden Flecken und lösen alten Seelenschmerz aus. Sie sind Auslöser, nicht Verursacher unserer disharmonischen emotionalen Befindlichkeiten. Blinde Flecken bleiben nur so lange verborgen, bis sie die Erkenntnis, welche unserer alten Geschichten die Ursache für unseren Schmerz ist, sichtbar macht.

Der Weg des geringeren Widerstandes lässt uns vorschnell urteilen: Der andere ist schuld an meinem Schmerz. Dies ist jedoch ein Weg, der keine Erkenntnis bringt und uns leer ausgehen lässt. Dieser Kurs ebnet den Weg in jegliches Beziehungsende und bei Paaren mündet er in Trennung und

Scheidung. Er leitet uns aber auch nicht zu unserem Inneren. Blinde Flecken zu erhellen, was häufig nur mit fremder, neutraler, wertschätzender und liebevoller Expertenhilfe möglich ist, führt uns allerdings zu unserem Wesenskern und wir erleben uns dadurch selbstverantwortlich, stärker und kraftvoller.

Für unseren psychisch-emotionalen Reifeprozess brauchen wir notwendig solche Personen, mit denen wir negativ bewertete Gefühlsemotionen verbinden und die sich uns als Spiegel zur Verfügung stellen. Dass es sich hierbei meistens nicht um bequeme Persönlichkeiten handelt, liegt in der Natur der Sache. Diesen Job übernehmen Menschen für uns, die von ihrem Charakter aus fordernd, stark und energiegeladen sind. Oft finden wir solche Heiler-Persönlichkeiten nicht allein in Ehe- oder Beziehungspartnern auf Erwachsenenebene, sondern insbesondere auch in Kindern: Zum Beispiel in „Systemsprengern" oder anders ausgedrückt, in Kindern mit autistischen, narzisstischen, sadistischen oder ähnlichen Zügen und Verhaltensweisen. Auf der Seelenebene sind diese Menschen unsere größten Geschenke. Sie leisten uns wirkliche Liebesdienste, die häufig auch für sie Prüfungen darstellen und nicht einfach zu bewältigen sind.

Liebespartner kommen oftmals zum Handkuss, als Lehrmeister mit den schmerzhaftesten Lernaufgaben für uns zu fungieren. Da der Mensch häufig mehr durch Schmerz als durch Freude lernt[11], sind deren uns Kummer zufügende Handlungen oft von unermesslicher Bedeutung für unser persönliches Wachstum. Je zielorientierter wir den Weg des Erwachsenwerdens beschreiten, desto bewusster wird uns die Tatsache, dass eben diese Lehrmeister – unsere „wandelnden Projektionsflächen" – nicht die Ursache für unsere belasteten Gefühlsemotionen sind. Personen, denen wir unsere Ablehnung, unseren Zorn, unsere Wut und unseren Hass zuschreiben, lösen in uns Reaktionen mit einer Ladung dieser Art nur aus. Dies gilt gleichermaßen für positive Gefühlsregungen. Unabhängig, ob positiv oder negativ geladen, erhalten wir immer wieder die Chance, unseren Gefühlsemotionen wahrnehmend näher zu kommen. Das hilft uns wiederum zu lernen, sie auf konstruktive Weise auszudrücken. Positiv bewertete Gefühlsemotionen auf erbauende Art zu kommunizieren fällt leicht, bei belasteten will dies von uns gelernt werden.

Gefühl und Emotion – missglückte Begriffsdefinitionen

Eine Unterscheidung der Begriffe „Gefühl" und „Emotion" scheint gar nicht so leicht. Der Duden differenziert hier nur sehr unspezifisch.

Das Gefühl[12]:

1. das Fühlen; (durch Nerven vermittelte) Empfindungen

2. das Fühlen; psychische Regung, Empfindung des Menschen, die seine Einstellung und sein Verhältnis zur Umwelt mitbestimmt

3. a. gefühlsmäßiger, nicht näher zu erklärender Eindruck; Ahnung

b. Fähigkeit, etwas gefühlsmäßig zu erfassen; Gespür.

Die Emotion[13]:

Psychische Erregung, Gemütsbewegung; Gefühl, Gefühlsregung.

Herkunft: lateinisch emovere⍰= herausbewegen, emporwühlen.

Aus der Sicht der Autorin beschreibt der Begriff „Gefühl" den substantivistischen Zustand beziehungsweise dessen substantivistische Beschreibung. Empfindungen als wertfreie, – weder positiv noch negativ besetzte – Substantive (Hauptwörter) sind zum Beispiel:

Angst, Freude, Trauer, Wut, Zorn, Hass und viele mehr.

Im lateinischen Begriff „Emotion" verbergen sich zwei weitere wichtige Details:

1. Im Erleben ist die Körperebene als zusätzliche Komponente eingebaut.

2. Inkludiert ist auch ein – für eine bestimmte Dauer waltendes – Prozessgeschehen.

Beim Begriff Emotion geht es um das Spüren als mehrdimensionales Fühlen des mit dem substantivistischen Gefühl einhergehenden Prozessgeschehens. Dieses Prozessgeschehen wird durch „Hinfühlen“ wahrnehmbar. Es geht um die Frage nach der Qualität des vorherrschenden Gefühls (Angst, Ärger, Neid, Scham, Schmach etc.), sozusagen um seine Ausdrucksweise, seine Sprache:

- Wie drückt sich dieses spezifische Gefühl aus?
- Was geht damit einher?
- Wo im Körper drücken sich (substantivistische, spezifische) Gefühle (wie zum Beispiel Angst, Ekel, Zorn, Machtlosigkeit oder auch Glück)
- auf welche Weise aus?

Frage: Wer spricht alle Sprachen der Welt?

Antwort: Das Echo!

Dieses Rätsel malt ein schönes, mehrdimensionales Verständnisbild des Begriffs Emotion: Gibt ein Jäger im Wald oder auf einem Berg, in dessen unmittelbarer Nähe sich ein Felsmassiv befindet, einen Schuss mit seinem Gewehr ab, hört man zuerst den Schuss oder vielmehr den Knall (metaphorisch/auditorisch: das substantivistische Gefühl).

Unmittelbar anschließend und gleichzeitig übergehend aber hört man das Echo, welches durch seine Schallwirkung viel langgezogener wahrnehmbar ist als der Knall des Schusses selbst. Auch der Geräuschpegel und die Tonlage des Echos hören sich leicht anders an als der Schuss beziehungsweise dessen Knall an sich.

Von Entstehung des Echos A bis zu seinem Ende B

A...B

ist eine Lebensbandbreite der Geräuschwiedergabe festzustellen. In diese Lebensbandbreite darf alles reingezählt werden, was man hören und wahrnehmen kann: Das Geräusch des Schusses, die Geräuschvariation des Echos, seine Lautstärke, Tonlage, der Schall etc.

In ungefähr dieser Lebensbandbreite kann man eine Emotion wahrnehmen und beschreiben. Das Gefühl entspricht in diesem Bild dem Geräusch (Schuss/Knall), die Emotion, dessen weiteren Folgen beziehungsweise Auswirkungen.

Eine Emotion besteht aus

a) dem substantivistischen wertfreien Ausdruck sowie dessen

b) andauernden Bewegungsausdruck in seiner gesamten Intensität.

Es handelt sich sozusagen um ein umfassendes mehrdimensionales und prozessdauerhaftes Gebilde. Eine Emotion ist daher die ganzheitliche Aussprache beziehungsweise der allumfassende Ausdruck eben desselben Gefühls als andauerndes Prozessgeschehen. Mit

Empfindungen gehen Körperreaktionen als energetische Schwingungsbewegungen einher. Denke nur an die vielen zustandsbeschreibenden Redewendungen „mir ist ganz schlecht vor Angst“, „ich könnte erbrechen vor lauter Ekel“, „vor Freude tanzen“, „vor Wut kochen“ und so weiter.

Nun die gute Nachricht: Der lateinische Begriff „emotio“ birgt zusammengefasst einen Prozess in sich: Eine Bewegung mit einem Auslöser und einem Ende als Übergang in etwas Neues. Emotionen neigen also dazu, sich aufzulösen. Sie neutralisieren sich, wenn man mit seiner fühlend wahrnehmenden Aufmerksamkeit mitten hinein geht. Hierfür ist die Wahrnehmung und Einbeziehung der Körperebene unabdingbar.

„Gefühlsemotionen“– ein Begriffslösungsversuch

Versucht man nun, all diese Komponenten und Prozesse in ein Wort zu fassen, entsteht daraus der Begriff „Gefühlsemotion“, den die Autorin in ihrem Sprachgebrauch verwendet. Gerade diese Gefühlsemotionen sind tragende Bestandteile von inneren Programmierungsabläufen. Programmierungen sind eine Kombination aus bewussten und unbewussten Glaubenssätzen, Überzeugungen, Grundhaltungen, Werten und umfassenden gefühlsemotionalen Bewertungen. Diesen Prozess des sich Auflösens von Gefühlsemotionen und daraus weiterführend von inneren Programmierungen kann man (unter anderem) sehr effizient und effektiv mit Methoden der Energetischen Psychologie oder auch mit buddhistischen Meditationsmethoden vollziehen und lernen. Menschliche

Reibungssubjekte dienen uns jedenfalls „nur" als Ressourcen dafür, mit unserem Gefühlsreichtum in Verbindung zu kommen.

Der und die *erwachsene* Erwachsene

Willst du ein *erwachsener* Erwachsener werden, muss es dein deklariertes Ziel sein, in die gänzliche Selbstverantwortung für deine Lebenssituation zu kommen. Und gerade für diesen Prozess ist es essentiell, diese mit äußeren Personen verbundenen, negativ bewerteten Gefühlsemotionen zu neutralisieren und zu lösen.

Folgen und Konsequenzen dieser Neutralisierungs- und Lösungsarbeit sind außerdem, dass wir unserem Primärfamiliensystem *ent-* beziehungsweise *er*wachsen. Wir lernen unseren Vater in seiner Rolle als Vater und unsere Mutter in ihrer Rolle als Mutter sein zu lassen – auf der inneren Ebene und in der äußeren Realität.

Im Laufe dieses Ablösungsprozesses von unseren inneren und äußeren Eltern lernen wir, unser persönliches inneres Kind zu nähren. Dabei kommen wir in aller Konsequenz immer mehr in unsere höchstmögliche Kraft und Größe. Aus dieser heraus gestatten wir uns in vollem Respekt und Wertschätzung dritten Personen gegenüber und doch kompromisslos unsere innere Wahrheit

a) wahrzunehmen,

b) zu kommunizieren und

c) zu leben.

Zur Wiederholung: Uns umgebende Menschen triggern alte, uns aus Urzeiten bekannte, jedoch verdrängte und unverheilte Verletzungen, die es gilt, an der Wurzel zu heilen. Nützen wir die mit ihnen verbundenen Chancen zur Gefühlsemotionslösungsarbeit, katapultieren wir uns aus unserem Opferstatus heraus und versöhnen uns mit allem, was uns und unsere Lebensumstände ausmacht.

4. Dein innerer Vater

Er ist der vierte lebensprägende innere Protagonist. Dessen Lebens- und Gedankenwelten finden in deinem leiblichen Vater oder auch in einer anderen männlichen Hauptbezugsperson ihre Entsprechung.

Mit den Botschaften seines inneren Vaters hat der Unternehmer Hans Zeit seines Lebens zu kämpfen. Er ist der Älteste von vier Geschwistern eines ehemaligen Bauernehepaares. Hans fühlt(e) sich immer als Zweiter. Sein größter und lange gärender Schmerz war nirgends erster geworden zu sein, beziehungsweise zu werden.

In der Schule war Hans immer „nur" Zweitbester, ebenfalls im Sport und beim Militär. Später war er lange Zeit ein beliebter Vizebürgermeister und gern gesehener Kammerfunktionär. Hans häufte einen Titel nach dem anderen, ein Zertifikat nach dem anderen, eine Verdienstmedaille nach der anderen an. Sein Unternehmen war erfolgreich. Er war verheiratet mit einer ihm ergebenen Frau und hatte mit ihr drei Kinder. Aber zufrieden war Hans nie.

Sein leiblicher Vater war Zweitgeborener und hatte deshalb keinen Erbanspruch auf die elterliche Landwirtschaft. Als dessen älterer Bruder an einer Krankheit starb, übernahm der Vater von Hans als sog. „Vorhauser" des Verstorbenen und im Interesse der minderjährigen Hinterbliebenen bis zu deren Volljährigkeit die Erhaltung und Verwaltung des elterlichen Bauernhofs. Dies gelang dem Bauern so gut, dass er später mit seiner Frau, Hans und seinen jüngeren

Geschwistern, in einem neuen Ort eine kleine Landwirtschaft erwerben konnte.

Auch Hans Vater schmerzte es, immer nur Zweiter und nie Erster geworden zu sein. Und so kam es, dass dieser seinem Sohn Hans schon sehr früh eintrichterte: „Du brauchst nichts zu lernen, als Knecht bist du gut genug!“ Hans schloss in seiner Jugend die Hauptschule sehr erfolgreich ab und machte mit ausgezeichnetem Erfolg eine Lehre als Elektroinstallateur.

Anschließend arbeitete er in diesem Beruf und machte mit dem Ziel zu studieren die Abendmatura. Als Zweitbester. Anschließend studierte Hans im Ausland Elektrotechnik. Sein kostspieliges Studium finanzierte er zum Teil mithilfe seiner Frau, zum anderen Teil aus Einnahmen einer Lehrtätigkeit an der Wirtschaftskammer vor Ort und aus der Arbeit an einer Tankstelle.

Seine gesamten lukrierten Einnahmen ermöglichten es Hans, im jungen Alter von neunundzwanzig Jahren eine Auszeit von einem Jahr zu nehmen und mit seiner ihm angetrauten und nun zum dritten Kind schwangeren Frau ein stattliches Haus zu bauen. Hans gründete mit ihrer Unterstützung ein erfolgreiches mittelständisches Unternehmen. Seine Leistungen blieben immer ausgezeichnet.

Viele Menschen bewunderten Hans für seine Errungenschaften. Er und seine Frau legten, gemessen an den üblichen gesellschaftlichen Maßstäben, eine Bilderbuchkarriere vor. Nur Hans selbst glaubte heimlich nicht so toll zu sein, wie er es nach außen hin präsentierte. Er entwickelte sich zu einem Narzissten[14], zu einem verbissenen Zyniker, der kaum Chancen zur Kritik an seinen Familienmitgliedern, deren Handlungen oder sonstigen

Lebensumständen, die aus seiner Sicht auf Fehler schließen ließen oder seinen Ansprüchen nicht genügten, ausließ.

Leidtragende waren und sind in diesem Fall seine Frau und seine Kinder. Hans selbst hat(te) vordergründig keinen Handlungsbedarf. Aus seiner und der gesellschaftlichen Sichtweise lief bei ihm ohnehin alles nach Plan. Innerlich jedoch ist Hans bis heute der Knecht seines Vaters oder vielmehr sein eigener innerer Knecht geblieben. Seine Kinder hatten stellvertretend für ihn, den Job zu übernehmen, seinen inneren Knecht, dessen Haltung und Werte auch auf ihren beruflichen Erfolg Einfluss genommen hatten, zu trösten sowie diesen strengen inneren Vater zu versöhnen. Dies war Teil der Hauptaufgabe, sich auch mit dem eigenen inneren und äußeren Vater namens Hans auszusöhnen. Dieser hatte seine ungelösten Themen und Verletzungen direkt auf seine Nachkommen übertragen.

Seine Tochter und sein Sohn taten sich mit der potenzierten Last unbewusster Überzeugungen und Prägungen väterlicher und großväterlicherseits alles andere als leicht. Die zu lösenden Themen und Aufgaben der Vorfahren mütterlicherseits seien hier außer Acht gelassen. Seine Kinder gerieten durch des Vaters Weigerung, sich mit seiner eigenen bewussten und unbewussten Gefühlsemotionswelt auseinanderzusetzen, in einen schweren Leidensdruck, der die Inanspruchnahme von therapeutischer Unterstützung unabwendbar machte.

Ein Heilungsprozess, der dem Erwachsenen von seinen Kindern abgenommen wird, ist freilich für die Nachkommen viel langwieriger und aufwändiger zu bewältigen als ein Weg der Selbstheilung, den man (hier beispielhaft vertreten durch Hans) selbst in Eigenständigkeit und Selbstverantwortung in die Hand nehmen kann.

Lehrmeister, die dir die Dominanz oder die Schwächen dieser vierten inneren Instanz widerspiegeln, könnte neben deinem Lebenspartner oder Ehegatten zum Beispiel außerdem der strenge Geschäftsführer des Unternehmens, indem du arbeitest oder die unfähige Personalleiterin sein. Aber auch unauffälligere Personen können dir Stärken und Schwächen der Familienmitglieder deines inneren und äußeren Primärfamiliensystems vorleben.

Die Phänomene und Prozesse der unbewussten Prägung durch äußere Bezugspersonen lassen sich ebenso biologisch erklären. Vereinen sich Mann und Frau (dein Vater mit deiner Mutter) auf sexueller Ebene, wird aus dieser Vereinigung EINS.

Diese gewordene Einheit bist DU! Der in esoterischen und Meditationskreisen viel gepriesene universale energetische Verschmelzungszustand „alles ist eins“ findet Verwirklichung im Embryo und Ausdruck durch die Geburt eines Kindes.

Die männliche Samenzelle trifft auf die weibliche Eizelle. Aus diesem Aufprall zweier gegensätzlicher Zellen entsteht neues Leben. Nun enthält die weibliche Eizelle die gesamte Speicherung und Programmierung der Spenderin, sprich der Mutter. Und die männliche Samenzelle enthält alle Informationen und Speicherungen des Vaters.

Wo fängt die Speicherkraft eines Spermiums an, wo hört der Informationsgehalt einer Eizelle (und vice versa!) auf? Der langen Rede kurzer Sinn: In der weiblichen Eizelle befinden sich neben dem mütterlichen Informationsgehalt alle

Programmierungen und Speicherungen der weiblichen Vorfahren und in der väterlichen Samenzelle die der männlichen.

Wenn schließlich aus beiden dann das unvergleichliche Eine wird, das Kind sich gebärt und von der Mutter geboren wird, tritt dieses Wesen als gebündelte, eins gewordene Speicherkraft mit allen positiv geladenen, aber auch negativ beladenen Informationen aller männlichen und weiblichen Vorfahren in sein Leben.

Mit diesem Wissen und den entsprechenden Neutralisierungsmöglichkeiten destruktiver Gefühlsemotionen, Glaubenssätze, Überzeugungen, Haltungen sowie Werte relativieren sich Begriffe wie „genetisch bedingte" und „unheilbare Krankheiten". Folgende Wahrheit wird verständlich und nachvollziehbar: Der Mensch, sprich du persönlich, (b)ist dazu fähig und in der Lage, s(d)ein Unterbewusstsein von destruktiven Einflüssen zu bereinigen und neu zu programmieren!

Du kannst also diese inneren, sich im Außen manifestierenden Destruktivitäten und Negativitäten durch konstruktive, positive Werte, Grundhaltungen, Überzeugungen, Glaubenssätze und Verhaltensweisen ersetzen. Das dir hier an die Hand gegebene Wissen über die inneren Protagonisten hilft bei dieser Lösungsarbeit, die dich direkt in deine Kraft, Autonomie und Selbstverantwortung führt. Ein daraus resultierender Vorteil für deine Begleiter aus deinem Umfeld ist natürlich der, dass diese der Verantwortung, für dein Wohlbefinden sorgen zu müssen, enthoben werden. Brauchst du dabei tiefere Hilfe, Unterstützung oder Begleitung, wende dich gerne an mich: https://isabel-ebner.com

Und Simon? Er lechzte nach väterlicher Zuwendung. Der Junge vergötterte seinen Vater. Übersah, so gut es ihm möglich war, jegliches versetzt werden, alles auf das nächste Mal vertröstet werden, fast jedes gebrochene Versprechen und nicht eingehaltene Zusagen. Ganz selten, nur ein oder zweimal erlebte ich den Jungen traurig oder auch den Vater zornig, abwertend, weil er bei diesem wieder einmal emotional leer ausgegangen war. Dieser Papa wiederum beziehungsweise dessen inneres Kind lechzte seinerseits nach in seiner Kindheit vermutlich nicht erhaltener elterlicher Zuwendung. Der Mann neigte dazu, sich diese Sehnsucht bei seinem Typ Frau und Partnerin zu stillen: bei strukturierten, gut organisierten Versorgerfrauen, die ihm mit ihren Managementqualitäten stellvertretend einen Hort an Geborgenheit ermöglichten.

Gemeinsam mit Frau Simonuti arbeiteten wir daran, es dem Buben zu ermöglichen, an seinem Bild von seinem Vater so lange festzuhalten, bis er selbst die Realitäten wahrnehmen würde, wie sie wirklich waren. Das war ein unglaublich herausforderndes Unterfangen für die Frau. Ich hatte Mitgefühl mit ihr und bewunderte sie zugleich sehr für ihr Durchhaltevermögen. Das Doppelresidenzmodell war auf

Ansuchen des Kindesvaters gescheitert und auch die Besuchsregelungen funktionierten nur mit Ach und Krach oder zum Teil gar nicht. Die Gestaltung der Sommerferien gestaltete sich zur echten Challenge für das kindesmütterliche Familiengefüge. In weiterer Folge, allerdings auch mit kurzen Pausenphasen, fuhr der Bub mit allen ihm möglichen Geschützen gegen die Mutter und auch die Großeltern mütterlicherseits, aber auch väterlicherseits auf. Er bestahl die Mutter, beide Großelternpaare und auch den Vater. Dieser war eine Beziehung mit einer neuen Partnerin eingegangen und war überraschend mit ihr zusammengezogen. Erfahren durfte Frau Simonuti diese Tatsache von ihrem Sohn. Für sie kam das sehr plötzlich. Überrascht war sie dennoch nicht.

5. Dein inneres Elternpaar als System

Bedeutenden Einfluss auf dein Partnerschaftsverhalten, auf deine Verhaltensmuster in deinen Beziehungen hat insbesondere auch diese fünfte innere Instanz, deren systemisches Produkt du bist. Eben diese innere Instanz oder dein Verhältnis zu ihr ist auf unbewusster Ebene ausschlaggebend dafür, ob du im Erwachsenenstadium eines Kindes verbleibst oder aber nach und nach dazu in der Lage bist, als erwachsene Person nach deinen eigenen, überprüften und neu gewonnenen Überzeugungen und Werten zu handeln.

Der 45-jährige, einer adeligen Familie entstammende Arthur litt immer mehr unter seinen oberflächlichen Beziehungen zu seinen vergangenen und aktuellen Partnerinnen. Mit zunehmendem Alter fehlte ihm die wirkliche Nähe zu einer Frau und er fürchtete sich davor, alleine alt zu werden. Im Laufe der Arbeit mit Arthur stellte sich heraus, dass seine innere Familie als Entsprechung zur äußeren nur eine Frau aus den eigenen elitären Kreisen duldete. Arthur als folgsamer Sohn hatte sich sozusagen selbst die eigene Partnerwahl verboten. Keine Frau war in den Augen seines Systems und dadurch auch in den seinen gut genug für ihn. So blieb Arthur lange Zeit systemtreu. Der Preis, den er für diese Systemtreue zu bezahlen hatte, war Oberflächlichkeit und tiefe Einsamkeit trotz zum Teil langjähriger Partnerschaften. Sein Beziehungsleben veränderte sich umfassend, als es Arthur gelungen war, seine übernommenen Haltungen, Werte und Überzeugungen zu hinterfragen, zu relativieren und in weiterer Folge neu zu definieren.

In der Außenwelt wird das innere Elternpaar beziehungsweise die innere Familie von deinem existenten Elternpaar, von deiner realen Primärfamilie repräsentiert. Bei genauem Hinschauen und *Hin*spüren findest du häufig auch Ähnlichkeiten oder Entsprechungen in deinem Schwiegerfamilien-System. Selbst Systeme wie die Firma, in der du arbeitest, die politische Landschaft der Umgebung, in der du lebst, können dir Werthaltungen deines inneren und äußeren Primärfamiliensystems widerspiegeln. Werte wie Freiheit und Autonomie kollidieren mit Negativentsprechungen wie Kontrolle und Systemabhängigkeiten.

Dieses Herkunftssystem mit all seinen Prägungen speist unser strenges Über-Ich-Konstrukt[15], um in der Sprache von Sigmund Freud zu sprechen. Dieses streng bewertende und urteilende Über-Ich, umgangssprachlich das sogenannte „schlechte Gewissen“, das du häufig wahrnimmst, ist wie schon gesagt, aufgebläht von den drei dominanten Instanzen:

I. der inneren Mutter

II. dem inneren Vater und

III. dem inneren Eltern- beziehungsweise Familiensystem.

Es plustert sich regelrecht auf vor lauter übernommenen Normen und Moralvorstellungen deiner äußeren und inneren Mutter, deines äußeren und inneren Vaters und deiner äußeren und inneren Familie als System.

Sobald dir Sätze in den Sinn kommen, die mit

- „Ich sollte,…."
- „Ich müsste dieses oder jenes tun …" beginnen,

höre vorsorglich die Alarmglocken schrillen, die dir zurufen: „Hallo, überprüf doch bitte, welche innere Instanz dir gerade mal wieder Druck macht!"

Sobald du andere Menschen mit Moralvorstellungen beglückst, die sich so oder ähnlich anhören wie

- „Das ist doch das Mindeste, das man sich erwarten kann …", oder
- „Wie kann (die Person) X nur jenes tun oder lassen …",

ist das ein sicheres Indiz dafür, dass es sich bei diesen „Weisheiten" um übernommene Gedankengänge eines dieser drei inneren Protagonisten handelt.

6. Der innere gegengeschlechtliche Part(ner)

Der innere gegengeschlechtliche Part(ner) ist – unabhängig von deiner sexuellen Ausrichtung – der sechste und zugleich schwächste innere Protagonist. Im Außen wird diese Instanz repräsentiert durch unseren Ehe-, Lebens- oder Geschlechtspartner beziehungsweise unsere Geschlechtspartnerin.

Diese sechste Instanz ist darauf ausgerichtet, sich im Innen mit unserer Geschlechtsidentität (mit der zweiten Instanz) zu vereinen. Der innere Mann will die Vereinigung mit der inneren Frau vollziehen. Es geht um die Ausbalancierung, um die Balance von Männlichkeit und Weiblichkeit in uns als Basis für die Stabilität unserer Geschlechtsidentität.

Das Gesetz der Resonanz strebt nach Anziehung und Vereinigung, nach dem Einswerden! Am sichersten realisiert sich dieses Einswerden in unserer polaren Welt, wie schon erwähnt, in der Vereinigung von Mann und Frau und in deren „produktivem Ergebnis", dem Kind. Vermutlich ist genau diese Tatsache der Grund dafür, dass wir Menschen uns durchschnittlich zwei Drittel unseres Lebens mit dem Thema Partnerschaft auseinandersetzen.

Um diesen Prozess der Verpartnerung und der Beziehungsfähigkeit geht es in der täglichen äußeren „Realität" genauso wie in unserem Innenleben. Wir neigen dazu, das Gelingen oder Misslingen dieses innerlichen Projekts, dieses inneren Prozesses an unserer Beziehungsfähigkeit zum äußeren, realen Partner zu messen. Sind die drei „Über-Ich-Instanzen": Die innere Mutter, der innere Vater und das innere Elternpaar als

System beziehungsweise das innere Familiensystem in deinem unterbewussten Sein beherrschend ausgerichtet, ist es für den inneren gegengeschlechtlichen Part nur sehr schwer möglich, sich mit deiner inneren Geschlechtsidentität zu vereinen. Unter diesen Disharmonien leiden sehr viele Paare. Wenn die inneren unbewussten Stimmen des elterlichen Primärfamiliensystems zu dominant und zu laut sind, kann dies deinem Partner auch in Alltagsrealität verunmöglichen, sich mit dir zu vereinen, zu dir zu stehen, „Ja!“, zu dir zu sagen. Einfach auch deshalb, weil du selbst bei genauer Betrachtung keine Entscheidung für dich und für ihn oder sie gefällt haben dürftest, sondern in letzter Konsequenz deinem Primärfamiliensystem treu geblieben bist.

Was glaubst du? Wurde Simons Vater von den Eltern seiner Ex-Frau zu Beginn der Partnerschaft und während aufrechter Ehe akzeptiert oder nicht? Wie erging es deinem Gefühl nach umgekehrt Frau Simonuti mit den Eltern ihres Mannes und späteren Ex-Gatten? Könnten Simons Diebstahlhandlungen gegen beide Großelternpaare möglicherweise ihren Ursprung in dieser frühen Phase der großelterlichen Akzeptanz oder Nichtakzeptanz seinen Eltern gegenüber haben?

Wie geht es dir in deiner aktuellen Beziehung? Wie erging es dir oder auch deinem zweiten Part in früheren Partnerschaften? Fühlst du dich in deiner Partnerschaft akzeptiert? Akzeptierst du selbst deinen Beziehungspartner? Schau mal hin und reflektiere, wo du häufig eher ein Jein in deiner Partnerschaft oder Ehe lebst, statt dich klar zu deinem Partner, zu deiner Ehegattin, zum zweiten Elternteil deiner Kinder zu positionieren. Sich für dieses Gegenüber klar zu deklarieren kann es unter Umständen notwendig machen, den immer noch starken, vielleicht sogar zu starken

Einfluss deiner Eltern und auch deiner Geschwister auf dich abzuschwächen.

Priorität muss nun das neue System haben. Die Volksweisheit „Blut ist dicker als Wasser“ kann auf die mögliche Stabilität einer Partnerschaft oder Ehe kontraproduktiv wirken.

Genau in diese Problematik dürften die meisten Partner-Schwiegereltern- Konflikte fallen. Ziel der inneren Frau ist es, sich mit dem inneren Mann zu vereinen und in eine ausgeglichene, harmonische Prozesskommunikation zu gelangen. Umgekehrt gilt das Gleiche: Ziel eines erwachsenen Mannes ist es, sich mit seiner Partnerin zu vereinen. Wie nur soll das nachhaltig möglich sein, wenn sich einer von beiden Beteiligten – meistens betrifft es beide – nicht von den übernommenen Werten und Glaubenssystemen seiner Primärfamilie gelöst hat?

Die dreiunddreißigjährige Psychologin Eleonore entstammt einem erfolgreichen Elternhaus. Ihr Vater hatte eine nicht diagnostizierte Persönlichkeitsstörung und konkurrierte Zeit ihres Lebens mit seiner Tochter. Eleonores Mutter gab der Beziehung zum Gatten jederzeit Vorrang und schaffte es in ihrer Abhängigkeit von diesem Mann nicht, ihre gemeinsame Tochter vor den gewalttätigen körperlichen Übergriffen und feindseligen verbalen Angriffen zu schützen.

Ihr ganzes Leben lang fühlte sich Eleonore in ihrer Primärfamilie fremd und unerwünscht. Dieses „Ich gehöre nicht hierher"- Bewusstsein belastete Eleonore in allen Lebensbereichen und natürlich auch ihre Partnerschaften. Eleonore schaffte es wiederholt, sich an Partner zu binden, die im Elternhaus oder in unmittelbarer Nähe zu den Eltern wohnen geblieben waren. Wie schon durch das eigene Familiensystem konditioniert, arbeitete und bemühte sich Eleonore darum, von den Schwiegereltern und/oder der Schwiegermutter geliebt zu werden.

Eleonores Partner erlagen der irrigen Annahme, die aufkommenden Konflikte zwischen ihrer Mutter und der Partnerin beträfen sie nicht. Sie hielten sich aus diesem Schwiegermutter- gegen Schwiegertochter- Verhältnis raus. Zwei Beziehungen endeten für Eleonore auf sehr schmerzvolle Weise, ehe sie erkennen durfte, dass sie in den Bereichen der Schwiegereltern nichts verloren hatte und es zwecklos war, in der Überzeugung nicht liebenswert zu sein, um die Liebe einer dritten Person zu kämpfen. Eleonore scheiterte aber nicht nur aufgrund ihres eigenen Unwissens. Die Beziehungen zu ihren Partnern hatten auch deshalb keine Entfaltungsmöglichkeiten, weil die Männer sich nicht wirklich für die Partnerin entschieden und deren Müttern den Raum zur unangebrachten Revierverteidigung überließen. Die Männer gingen nicht in ihre männliche Kraft, was bedeutet hätte, der Mutter das Zepter über ihr Wohlergehen aus der Hand zu nehmen. Frau kämpft mit der Schwiegermutter um den Mann ist das Nummer-Eins-Klischee gängiger Liebesschnulzen. Bittere Realität und häufige Scheidungsursache in Beziehungen, deren Prozess- und Konfliktdynamiken von den meisten Paaren, zumeist sogar von allen Konfliktbeteiligten verkannt werden. Natürlich kommt es ab und zu auch vor, dass der Mann um die Gunst der Schwiegereltern kämpft. Dies geschieht jedoch seltener, da der Mann der Tochter von deren Mutter beziehungsweise Elternsystem häufig als ein weiterer Sohn, als ein weiteres Kind betrachtet wird. Die Schwiegertochter andererseits läuft oft in Gefahr, von der Schwiegermutter als Rivalin gesehen zu werden. Zuweilen erlebt sie auch selbst die Mutter des Partners ohne deren vordergründiges Zutun als Rivalin. Ursachen für Feldkämpfe solcher Art sind meistens schon vorgeburtlich, in der Zeit des neunmonatigen Heranwachsens im Mutterleib anzusiedeln. Diese auf der unbewussten Ebene verlaufenden Konfliktdynamiken sind verwirrend und komplex und wollen in ihrer Komplexität entwirrt und gelöst werden.

Noch sensibler wird die Prozessdynamik, sobald Kinder in die Beziehung, Partnerschaft oder Ehe kommen. Für die Kleinen ist das, was hier auf der Erwachsenenebene „abgehen“ kann, zwar fühlbar, jedoch nicht rational verstehbar. Wie denn auch? Selbst die erwachsenen Beteiligten tun sich schwer, auf der rationalen Ebene nachvollziehen zu können, was zwischen ihnen geschieht und warum sie überhaupt in diverse Konfliktfelder gelangen. Kinder jedoch wollen ihre Großeltern „integrieren“, unabhängig von möglichen Streitereien der Eltern mit deren Eltern. Großeltern wiederum erliegen häufig der irrigen Annahme, ein Anrecht auf die Enkelkinder zu haben. Diesem Betrachtungsirrtum ein Recht auf Kinder oder den regelmäßigen Kontakten zu ihnen zu haben, unterliegen viele erwachsene Väter, Mütter, Großväter und Großmütter. Ein Erwachsener jedoch hat keinen Anspruch auf ein Kind, auch wenn das in der Rechtsprechung widersprüchlich argumentiert wird.

Eine erwachsene Person, egal ob Mutter oder Vater, hat kein Recht auf das Kind oder die Kinder!

Auf ganzheitlicher Ebene ist dieser Grundsatz als Wahrheit anzusehen. Warum? Eine Mutter und ein Vater haben einem oder mehreren Kindern das Leben geschenkt. Diese(s) durch das Leben beschenkte Wesen schuldet dem Schenker nichts. Das Leben per se ist ein Geschenk, das nicht fragt, ob du es verdienst oder nicht. In der Rangfolge kommen zuerst die Erzeuger, – die Eltern, dann die Kinder. Auf Seelenebene ist diese Rangfolge unumkehrbar.

Konflikte können entstehen, wenn man Kinder für das Wohl der Eltern, Erzeuger, Geschenkgeber zuständig macht. Plakativ lassen sich diese Konflikte in den gängigen (sterbenden) Pensionssystemen besonders deutlich herauslesen. Kürzer gegriffen finden wir ein enorm hohes Konfliktpotenzial in großer Häufigkeit bei Obsorgefragen und Fragen der Kontaktrechte und Besuchsregelung im Zusammenhang mit Scheidungskindern.

Ein Kind hat rechtlich verbrieft, sehr wohl das Anrecht auf Vater und Mutter sowie die Großeltern. Das Recht von Kindern auf Kontakte zu beiden Eltern und auch zu den Großeltern hat immer Vorrang vor einem theoretisch vorhandenen Recht auf was auch von erwachsenen Personen. Im Zweifel obsiegt das Kindeswohl gegenüber den Ansprüchen Erwachsener. Jüngste Entscheidungen des österreichischen Obersten Gerichtshofs bestätigen mit dem Vorrang des Kindeswohls vor erwachsenen Forderungen die oben genannte, auf Seelenebene vorherrschende Wahrheit:

„Das Recht auf persönlichen Verkehr zwischen Eltern und Kindern ist ein allgemein anerkanntes Grundrecht der Eltern-Kind-Beziehung, das im Konfliktfall gegenüber dem Wohl des Kindes zurückzustellen ist, wenn die nachteiligen Auswirkungen für das Kind jenes Maß überschreiten, das als Folge der Zerrüttung der Beziehung der Eltern ganz allgemein in Kauf genommen werden muss (RS0048068). Soweit die Ausübung des Rechts das Wohl des Kindes gefährdet, steht den Eltern das Recht auf persönlichen Verkehr nicht zu (RS0047754). Im Konfliktfall hat der Kontaktrechtsanspruch eines Elternteils daher gegenüber dem Kindeswohl zurückzutreten, auch wenn die Ausübung immer nur vorübergehend oder bis auf Weiteres, grundsätzlich aber nicht für immer untersagt werden kann (RS0047950 [T10]; RS0048068 [T9])“[16].

Im Optimalfall unterstützen Großeltern deren Kinder mit dem Nachwuchs und stärken die jungen Eltern im Elterndasein. Häufig laufen die Familiendynamiken jedoch nicht so optimal, weil sehr viele Menschen, wie oben angedeutet, weit davon entfernt sind, alte Verletzungen auch nur im Ansatz anzuschauen, geschweige denn zu lösen. Die Furcht vor der Innenschau ist zu groß. Meistens wird der „leichtere“ Weg, die Strategie des vermeintlich geringeren Schmerzgeschehens, nämlich dem jeweils anderen Part die Schuld an Konfliktsituationen zu geben, bevorzugt.

Die inneren Probleme, Schmerzen und Herausforderungen der am Konflikt Beteiligten lassen sich aus den äußeren alltäglichen Prozess- und Konfliktdynamiken des Gegenübers herauslesen. Ebenso ist es möglich, den mehr oder weniger spannenden, langweiligen, einsamen oder schmerzhaften Beziehungsalltag aus dem unbewussten Partnerschaftsenergiefeld einer Person wahrzunehmen. Gefühle, Gedanken, Überzeugungen und Glaubenssätze von allen Beteiligten schälen sich während eines Gesprächs heraus und wollen sichtbar werden. Im Grunde genommen können Lösungswege aus Beziehungskrisen einfach sein. Theoretisch zumindest. Das heißt durchaus nicht, dass es für die Beteiligten leicht ist. Einer äußeren authentischen und gehaltvollen Partnerschaft geht innere Beziehungsfähigkeit voraus. Konflikte auf Beziehungsebene dienen immer der Chance, innerlich zu wachsen und beziehungsfähig(er) zu werden. Um vieles leichter wird dieser Wachstumsprozess, hat man einen neutralen, wertschätzenden und liebevollen Coach, eine Elternberatungsexpertin an seiner Seite, der beziehungsweise die naturgemäß von außen mehr wahrnimmt als der oder die Prozessbetroffene(n) selbst.

Die ganzheitlich erwachsene Persönlichkeit

Eine geheilte innere Beziehungsfähigkeit zu erreichen ist keineswegs gleichzusetzen damit, einen Partner haben zu müssen. Es bedeutet, ganzheitlich erwachsen zu werden. Um diese Fähigkeiten zu erlangen, muss man sich durch Prozesse der Selbsterforschung, Selbsterfahrung und Selbstheilung arbeiten. Die Verbundenheit des inneren Mannes mit der inneren Frau, der innere Status von Beziehungsfähigkeit entspricht einem ganzheitlichen Erwachsensein. Eine beziehungsfähige Person hat gelernt, sich selbst mit den eigenen Fehlern und Problemen anzuerkennen, wertzuschätzen und zu lieben. Das bedeutet außerdem, dass eine solche innere Haltung Konfliktfähigkeit mit sich bringt.

Eine solche ganzheitlich erwachsene Person ist bereit und dazu in der Lage, zu ihren überprüften Werten in Konfliktsituationen zu stehen und für sie auch dann einzustehen, wenn sie sich mit der Gefahr konfrontiert sieht, verlassen zu werden. Sie lässt sich demnach in Konfliktsituationen nicht von ihren Ängsten leiten, sondern von ihren innerlich gefestigten Werten. Das bedeutet nicht, dass eine ganzheitlich erwachsene Person sturer ist als ihr Gegenüber.

Sie ist sich bewusst, dass widerständige Gefühlsemotionen wie Sturheit und Trotz einem Mangelstatus des unzufriedenen inneren Kindes entspringen und dass nicht das Gegenüber, sondern sie selbst den Job zu erledigen hat, für ihr persönliches Wohlergehen zu sorgen. Gleichzeitig macht sie sich immer wieder klar, dass auch die andere(n) am Konflikt beteiligte(n) Person(en) als Mensch(en) in Ordnung ist (sind), selbst dann, wenn ihr Verhalten in der aktuellen Situation zu wünschen übrig lassen mag. Sie unterscheidet und trennt Person von Verhalten.

Eine ganzheitlich erwachsene beziehungsfähige Person tritt nach ihren absolvierten Lernprozessen gefestigter und bestimmter auf als davor. Im Ergebnis heißt das: Sie ist nicht angenehmer geworden für ihr Umfeld, sondern reifer und dadurch für dieses förderlicher und bereichernder. Durch ihre eigene achtsame Haltung fordert eine ganzheitlich erwachsene Person von den sie umgebenden Menschen ein erhöhtes Maß an Wachheit ein. Auf diese Weise fordert sie nicht nur. Sie fördert ihr Umfeld, weil dieses durch ihre Präsenz dazu angehalten wird, wertschätzender mit ihr und damit automatisch mit sich selbst umzugehen.

Diese durch Selbsterfahrung und Persönlichkeitsentwicklung mit der Zeit erworbene Fähigkeit, für sich und die eigenen Werte einzustehen, kann natürlich neue Konflikte mit sich bringen. Schließlich muss sich das Umfeld erst an die neu erworbene Reife und Kommunikationsfähigkeit einer ganzheitlich erwachsenen Person gewöhnen. Die

Bereitschaft, diese daraus resultierenden neuen Konflikte mit dem Gegenüber durchzustehen, statt davor zu flüchten, zeichnet eine ganzheitlich erwachsene Person aus. Das kann einerseits neue Beziehungsdynamik und Intensität mit sich bringen. Andererseits kann sich die Partnerschaft neu entfalten. Das alltägliche Miteinander, das Zusammenleben im Gesamten, erfährt eine Bereicherung auf allen Ebenen. Freude und Füllen steigern sich im persönlichen und gemeinsamen Leben.

Sich selbst zu lieben bedeutet, die eigenen Unvollständigkeiten und Unzulänglichkeiten wahrzunehmen, sich diese zuzugestehen und sie anzunehmen. Es geht darum, eine gewisse Fehlertoleranz, eine Art liebevolle Großmütigkeit sich selbst gegenüber zu entwickeln. Sich in der eigenen Unvollständigkeit anzunehmen bedeutet, sich einerseits die Erlaubnis sowohl zu positiven als auch zu destruktiven inneren Gefühlsemotionen und Verhaltensweisen zu geben; andererseits aber einen konstruktiven Umgang damit pflegen zu können.

Die betreffende Person hat losgelöst von den drei dominanten inneren und äußeren Instanzen – ihr eigenes Wertesystem überprüft, überarbeitet und neu aufgestellt. Wer innerlich und äußerlich gesundet ist, ist ein gesunder Egoist, der sich in seinem und andere in deren Sein wertschätzt. Eine gesundete, ganzheitlich erwachsene Person lebt und kommuniziert nach Überprüfung von gesellschaftlichen und familiären Wertesystemen und Normen konsequent ihre eigene innere Wahrheit. Eine Person, die Beziehungsfähigkeit gelernt hat, ist immun gegen Burn-out und Mobbing. Im Wert Beziehungsfähigkeit verbirgt sich auch die Fähigkeit, Konflikte auszutragen und Konfliktphasen durchzustehen. Eine ganzheitlich erwachsene Person hat eine Resilienz, eine Stärke erreicht, die es ihr erlaubt, von selbstschädigenden, höflichen oder altruistischen Verhaltensmustern Abstand zu nehmen.

Altruismus als Beziehungskiller

Der Kunsthändler und Künstler Reinhard ist ein Frauenversteher, ein Ehrenmann und Charmeur der alten Wiener Schule. Er war mit unzähligen Frauen liiert und davon drei Mal verheiratet. Jede seiner Ehen dauerte mehrere Jahre. Aus einer gingen zwei Kinder hervor, zu denen Reinhard den Kontakt zwar nicht ganz verlor, gerne jedoch intensiver erlebt hätte. Für Reinhard war jede seiner drei Frauen die Liebe des Lebens und jede dieser

Beziehungen war aus seiner Sicht nahezu perfekt. Für ihn passte es jedes Mal umfassend. Er hätte sich nie scheiden gelassen.

Umso überraschter und enttäuschter war Reinhard im Laufe seines Lebens, wenn wieder eine Ehefrau ihrer Hoffnung nachgab, einen noch idealeren Mann zu finden, als es Reinhard darstellte. Jede dieser drei Ehefrauen suchte ihr Glück außerehelich. Für Reinhard führte dies letztlich in drei Scheidungen, den Verlust der Beziehungsintensität zu seinen Kindern, enorme seelische Schmerzen und massive finanzielle Verluste. Auch seine beiden sechs und acht jährigen Töchter litten bis weit ins Erwachsenenalter hinein enorm unter der Entfremdung vom äußeren wie vom inneren Vater, die mit der Ehescheidung der Eltern einherging. Dass jede einzelne seiner drei Ex Frauen sich und ihm irgendwann desillusioniert eingestand, mit dem neuen Mann kein besseres Los gezogen zu haben als mit Reinhard und zum Teil sogar das Gegenteil eingetroffen war, gab dem sensiblen Mann schließlich nicht einmal mehr vordergründig Bestätigung und Genugtuung.

Mit Hilfe von unterstützenden Analysegesprächen und einiger Selbsterfahrungsprozesse stieß der durchaus reflektierte und therapeutisch versierte Reinhard auf blinde Flecken und Verhaltensmuster, mit denen er unbewusst, ohne es zu merken, seine Beziehungen selbst schleichend in den Ruin führte.

Reinhard erdrückte seine Partnerinnen mit seiner zuvorkommenden Art, seiner Beflissenheit, seinem Gut-Meinen, seinem Charme und seiner aufopfernden Liebe. Liebevoll und achtsam hinterfragte er deren Wünsche und Bedürfnisse und richtete sich danach. Er bemühte sich nach bestem Wissen und Gewissen zum Vorteil und für das

Wohlergehen seiner Gattin(nen) zu handeln. Reinhard gab was er konnte und alles, was er hatte. Was dieser Mann in seinem Bemühen jedoch immer wieder zu übersehen pflegte, war, seine persönlichen Grenzen und Bedürfnisse

a) wahrzunehmen und

b) offen mitzuteilen.

Diese selbst wahrzunehmen gelang ihm zum Teil noch besser als sein Befinden sowie seine Bedürfnisse ehrlich mitzuteilen und dadurch Konflikte zu riskieren. Mit Reinhard konnte frau nicht streiten.

Reinhard nahm nicht wahr, dass und wie er sich selbst durch Strategien der Konfliktvermeidung immer wieder nicht nur übersehen, sondern noch dazu betrogen hatte. Wiederholter Selbstverrat führt in Realsituationen, in denen man Verletzungen gleicher Qualität ausgesetzt und im Außen verraten wird. Selbstbetrug führt zu Betrug im Außen. In Reinhards Fall dienten ihm seine drei „betrügenden" Ehefrauen auf seinem Weg der Beendigung seines jahrzehntelang aktiv innerlich praktizierten Betrugs und Selbstverrats.

Was erschwerend hinzu kam, war, dass er außerdem nicht bemerkte, dass er manipulativ handelte und versuchte, seine Partnerinnen einzukochen. Wie leicht können Kinder in solch intensiven Beziehungsdynamiken untergehen? Reinhard und der Mutter seiner beiden Töchter fielen die Kinder kaum auf. Die Mädchen waren durchwegs brav und auch fleißig in der Schule. Reinhard und seine Ex-Frau waren für die Mädchen zwar physisch anwesend und gaben ihr Bestmögliches. Was den Mädchen aber fehlte, war elterliche Präsenz. Zu sehr waren beide Elternteile mit ihrer

Beziehungsdynamik und mit den eigenen Wünschen, Sehnsüchten, Hoffnungen und Bedürfnissen beschäftigt.

Reinhards Frauen erging es, ohne dass diese selbst begriffen, wie ihnen geschieht, ähnlich wie dem eingekochten Frosch.[17] Für die Ehefrauen wurde die Qualität ihrer Beziehung zunehmend behaglicher und komfortabler. So wie für den Frosch im Experiment seine Umgebung immer wärmer und angenehmer wurde. Deren Komfortzone wurde so lange ausgeweitet, bis es um sie und somit auch um die Beziehung geschehen war und die Ehen an ihrer vordergründigen Harmonie starben. Der Frosch wurde eingekocht, ohne dies zu bemerken. Ähnlich erging es Reinhards Frauen. Diese konnten sich seinen gut gemeinten Ratschlägen, seinem zuvorkommenden Bemühen um ihr Wohlergehen, seinen Aufmerksamkeiten und bemutternden Verhaltensweisen nicht erwehren. Wie auch? Ist es nicht für jedermann und jedefrau angenehm, liebevoll und zärtlich gehegt, gepflegt und verhätschelt zu werden?

Sätze wie: „Ich will dich nicht aufhalten!" zählten zum Repertoire von Reinhard, wenn er im Laufe eines Gesprächs selbst unter Zeitdruck kam oder einfach nicht mehr sprechen wollte. „Du wirst sicher schon müde sein? Lass uns schlafen!" So und ähnlich waren seine liebevollen Empfehlungen, wenn Reinhard selbst müde war und schlafen wollte.

Auf diese Weise schuf er für und mit seinen Partnerinnen eine angenehme, warme Komfortzone, die beide Beziehungsbeteiligten genossen. Aber die Idylle war trügerisch. Wiederholt war Reinhard durch seine Frauen vernichtenden Angriffen und Abwertungen ausgesetzt. „Untreue" durch seine Partnerin wurde zum regelmäßigen Trennungsgrund. So lange, bis Reinhard den Mut fand, seinen eigenen Part der Verantwortung für seine Trennungen anzuschauen und zu lösen.

An dieser Stelle darf wieder ein markiges, umgangssprachliches Sprichwort herhalten:

> „Nett ist die kleine Schwester von Scheiße.“
> (Umgangssprachliche Redewendung)

Welche Wahrheit versteckt sich in dieser flapsigen Redewendung? Nur nett zu sein ist nicht genug. Jemand, der zu voreilend nett ist, überlässt, – um in der flapsigen Sprache dieser umgangssprachlichen Redewendung zu bleiben – die Arschkarte dem Gegenüber. Aggression sowohl destruktiver als auch konstruktiver Art wird ausgeblendet. Das heißt nicht, dass diese verleugneten oder abgespaltenen Gefühlsemotionen weg oder inexistent sind. Das Gegenüber fühlt in der Übertragung die verdrängten Aggressionen der „netten“ Person und lebt diese stellvertretend aus. Diese Dynamik passiert häufig in gewalttätigen Beziehungen. Der stellvertretende Aggressor weiß nicht, wie ihm oder ihr geschieht und entwickelt über einen mehr oder weniger langen Zeitraum Zorn und Wut auf die nette Person, die passiv, sprich verdrängt aggressiv ist und auf diese Weise subtil manipuliert.

Fremdmanipulation mit bewusst oder unbewusst eigennützigen Hintergedanken als Alternative zu ehrlicher Mitteilung persönlicher Bedürfnisse wirkt destruktiv, weil das betroffene Gegenüber entmündigt wird. Dabei ist es nicht relevant, aus welcher Motivation heraus eine manipulierende Handlung gesetzt wird, ob sie gut gemeint ist oder nicht. Reinhard gab sein Bestes, seine Frauen nicht zu verlieren. Seine Handlungsmotivation war jedes Mal die gleiche. Unbewusste, nicht greifbare Verlustängste steuerten sein Verhalten und seine Lebensrealität. Bis zur Lösung dieser Ängste verlor Reinhard nicht nur seine Partnerschaften. Verlustängste waren ebenso Ursache für seine schwankungsanfällige Vermögenssituation. Reinhard durchlebte im Lauf seines Lebens die gesamte Bandbreite an finanziellen Realitäten. Vom Leben in einer Villa mit Millionen am Konto sowie Ferrari in der Garage bis zum Stress, nicht einmal mehr zweihundert Euro im Geldbeutel zu besitzen, mit denen es ihm möglich war, seine zwischenzeitlich 200 Kilometer weit entfernt wohnenden Mädchen zu besuchen.

Indem Reinhard einerseits seine Wünsche und Bedürfnisse nicht oder zu wenig deutlich äußerte, packte er seine Frauen unbewusst in einen goldenen Käfig der Kontrolle, aus dem diese keine andere Wahl hatten, als auszubrechen.

Aussagen wie „Du bist müde, also gehen wir schlafen.“, zeugen nicht von hohem Einfühlungsvermögen für das Gegenüber. Darin enthalten ist einerseits eine Unehrlichkeit zu eigenem Befinden und andererseits wird das Gegenüber entmündigt, weil für es mitgedacht wird. Denken allerdings kann und will jede erwachsene Person für sich selbst. Die Kosten für Kommunikationsmuster dieser Art gingen letztlich auf Reinhards Konto. Was lernte er aus seinen schmerzvollen Lebenskrisen und Verlusten?

- Allen positiven Intentionen zum Trotz ist altruistisches Verhalten manipulierendes Verhalten und insoweit

- nicht authentisch sowie

- dem Betroffenen gegenüber unehrlich

- als Person macht man sich durch altruistisch getarnte Manipulation für den Partner/die Partnerin nicht greifbar

- man bleibt bis auf Weiteres unantastbar

- der oder die Betroffene hat nicht oder mit viel Anstrengung nur bedingt die Möglichkeit zu entdecken, dass es eigentlich nicht um die eigenen Bedürfnisse, sondern tatsächlich um die des anderen geht. Nämlich um die Bedürfnisbefriedigung des unter dem Deckmantel altruistischen Wohlwollens handelnden Manipulators.

- So wird dem/der Betroffenen ungewollt die Handlungsfreiheit genommen, was einer

- Entmündigung des/der Betroffenen gleichkommt.

Diese destruktiven Folgewirkungen bedenkend wird deutlich, dass altruistisch verpackte Manipulation in letzter Konsequenz Betrug und Verrat an der betroffenen Person bedeutet und langfristig jede Beziehung zerstören muss. Kurz- und mittelfristig kann sich der Partner möglicherweise gegen diese destruktiven und schmerzvollen Eingriffe in seine persönliche Integrität immunisieren. Besonders schwer mit verdrehten Botschaften dieser Art tun sich Kinder.

„Zieh die Jacke an, dir ist kalt!“, ist eine gute Empfehlung, wenn man wahrnimmt, dass das Kind fröstelt. Wenn einem bei einer solchen Aufforderung jedoch nur selbst kalt ist und dem Kind nicht, kann die gleiche Aussage in ihrer Botschaft destruktiv wirken.

Psychologische Abwehrmechanismen wie Verdrängung, Abspaltung, Leugnung und ähnliche sind erfolgreiche Strategien, seine Gefühls- und Wahrnehmungswelt einzuschränken und aufkeimenden Konflikten auszuweichen. Es gibt zahlreiche Beziehungen, deren Bestand gerade deshalb von langfristiger Natur ist, weil die Partner mehr oder weniger sich selbst aufopfernd, häufig sogar sich selbst aufgebend neben einander her leben. Verhaltensstrategien mit Immunisierungscharakter gehen jedoch auf Kosten der Beziehungsqualität selbst und der Lebensqualität beider Partner in der Beziehung. Mittelfristig bietet die Beziehung den Partnern keinen Nährboden mehr, gemeinsam und aneinander zu wachsen.

Je wacher und achtsamer eine Person wird, desto mehr Zugang kriegt sie zu sich selbst und desto sensibler wird die Selbst- und Fremdwahrnehmung. Diese Lernprozesse können zu einem bewussteren und gehaltvolleren Leben miteinander führen und zu einer Steigerung der Beziehungsintensität in alle Richtungen. Zweifellos zählen sie zu den besten Arzneien gegen Langeweile in Partnerschaft und Beziehung. Außerdem lehren sie dich, den selben Fehler nicht immer und immer wieder zu wiederholen.

Gesteuert wurde Reinhards Verhalten durch die Angst, seine Partnerin(nen) zu verlieren. In seiner unbewussten Haltung sich selbst gegenüber verbarg sich der tief liegende Zweifel, als Mensch und Mann für seine Partnerin(nen) wertvoll zu sein. Innerlich plagten ihn Befürchtungen, es gar nicht wert zu sein, überhaupt geliebt zu werden. An den gleichen Zweifeln nagen seine beiden Töchter heute noch.

Ursächlich für Reinhards tief verborgene Gefühlsemotionen der Wertlosigkeit waren hasserfüllte Gedanken seiner

Mutter, die mit Reinhard ungewollt schwanger geworden war und sich von ihrem Mann im Stich gelassen gefühlt hatte. Abtreibungsversuche waren fehlgeschlagen. Dieses Faktum, die äußere Ähnlichkeit mit seinem Vater, ihre versäumte Karriere und sonstige Dinge, machte sie dem Buben zum Vorwurf und ließ keine Möglichkeit aus, das Kind abzuwerten und dessen Existenzberechtigung infrage zu stellen.

Denn sie wissen nicht, was sie tun – die bunten Tarnkappen der Manipulation

Manipulationen können sich auf vielfältige Weise tarnen.

Tessa ist beziehungsmüde. Ihr Mann hat nur wenig Einfühlungsvermögen für sie. Er erkennt nicht, was sie will und was ihr guttut. Darum kümmert er sich nur am Rande oder eben gar nicht. Sie verzichtet ihrerseits ihm zuliebe auf ihre Karriere und bleibt abends mit ihm oder alleine zu Hause. Für eigene Interessen bleibt Tessa von Anfang an der Beziehung nur wenig Zeit. Diese minimiert sich zusehends, als die beiden Eltern von drei Kindern werden. Tessa macht ihrem Mann zuliebe wandernd Urlaub am Berg oder gar nicht, anstatt in andere Länder zu reisen, um neue Sitten, Gebräuche und Mentalitäten kennenzulernen, was ihrer Persönlichkeit und ihrem Geschmack entsprechen würde.

Tessa verwöhnt ihren Mann an allen Ecken und Enden. Sie versorgt den Haushalt, pflegt die riesige Außenanlage des gemeinsamen Hauses, zieht fast alleine drei Kinder groß und schupft zusätzlich noch voll- oder teilzeitbeschäftigt mit ihrem Mann das gemeinsame Unternehmen. Auch für Repräsentationsaufgaben in der Öffentlichkeit steht Tessa entgegen ihrem zur Schüchternheit neigenden Naturell tapfer zur Verfügung.

Tessa ist die perfekte Hausfrau, Mutter und Unternehmergattin, die ihrem Mann selbst noch die Marmelade aufs Frühstücksbrot schmiert und Wurst aufs Abendbrot richtet. Sie überlässt ihm alle wichtigen Entscheidungen. Um finanzielle Angelegenheiten kümmert sie sich nicht. Ihr Gatte hat für Tessa ein eigenes Konto eingerichtet, über das sie verfügen kann und das ihr genügt. Auch sexuell verkehrt Tessa mit ihrem Gatten mehr zu dessen denn zu ihrem eigenen Vergnügen.

Wenn Tessa sich wieder einmal bei ihrer Schwester oder Mutter beklagt, schütteln diese Vertrauenspersonen ihres Primärfamilienkreises verständnislos den Kopf und fragen sich, wie denn ein Mensch so selbstbezogen agieren könne wie Tessas Mann. Auch die Schwägerinnen stehen auf ihrer Seite und kritisieren mit Tessa das Handeln des Bruders. Dieser sei immer schon so gewesen. Keine dieser ins Vertrauen gezogenen Personen spricht aber den Besprochenen an, um Tessas Anklagen zu hinterfragen oder ihm Feedback für dessen selbstbezogenes Handeln zu geben.

Altruistisches Verhalten gehört in den meisten Beziehungen zum Alltag. Tessas Beziehungsverhalten ist ein Paradebeispiel für Selbstaufopferung unter dem Deckmantel des Altruismus. Eine Verhaltensstrategie, die zu einem Beziehungs-Burn-out führen muss. Von ihrem Umfeld wird Tessa für ihr hingebungsvolles Zur Verfügung Stehen für ihren Gatten und die Familie bewundert.

Fragt man eine altruistisch motiviert handelnde Person nach persönlichen Handlungsmotivationen, lenkt sie meistens die Aufmerksamkeit von ihrer Person ab, um das Verhalten des offenbaren Übeltäters zu analysieren. Mögliche Antworten lauten:

- „Er oder sie verträgt keine Kritik.“
- „Ich will ihn oder sie nicht verletzen.“
- „Er (oder sie) ist halt so.“
- „Er (oder sie) weiß es nicht besser.“
- „Er (oder sie) meint es nicht böse.“
- „Ich kann seine (oder ihre) Eigenheiten nicht ändern.“

Chancen zur Selbstreflexion, um Eigenverantwortlichkeiten für unzufriedenstellende Lebensrealitäten zu finden, bleiben häufig ungenutzt. Auf den ersten Blick könnte man natürlich meinen, was ist denn diese Frau nicht zuvorkommend und aufmerksam ihrem Mann gegenüber. Dieser ahnt von Tessas Unzufriedenheit natürlich nur wenig bis gar nichts. So manch Nahestehender ist dazu geneigt, Mitleid mit Tessa zu empfinden und sich beziehungsweise sie zu fragen, wie sie überhaupt mit einem solch oberflächlichen, blinden und empathielosen Mann zusammen bleiben könne.

Bei genauem Hinsehen im Laufe eines Elterncoaching, das sie sich gönnt, merkt Tessa jedoch zunehmend, dass sie eigentlich gar nicht unbedingt das Opfer ist, zu dem sie sich selbst macht, für das sie sich hält und auch von ihrer Familie sowie dem Freundeskreis gehalten wird. Tessa handelt bei näherer Betrachtung nicht wirklich so, wie ihr Gatte dies gern hätte oder sie glaubt, dass ihm dies genehm wäre. Sie handelt genau genommen nicht ihrem Mann zuliebe. Ihr altruistisches Verhalten wurzelt in, zwar nachvollziehbarer, aber dennoch höchstpersönlicher Eigennützigkeit.

Tessa fürchtet sich vor der Reaktion ihres Mannes, wenn sie sich im Eigeninteresse von dessen Entscheidungen, Empfehlungen oder Vorlieben abgrenzt und ablehnend dazu äußert. Gerade weil sie, dessen Reaktion auf ihr Nein fürchtet, kommuniziert sie ebendieses nicht und wandelt es – ihren Bedürfnissen entgegengesetzt – in ein Ja um. Tessa handelt zustimmend, obwohl sie verneinend denkt und fühlt. Bei den drei gemeinsamen Kindern löst sie, ohne dies auch nur im Ansatz zu bemerken, bei diesen ein Schutzbedürfnis für sie gegen den Vater aus. Dieses Bedürfnis, die Mama schützen zu müssen, bringt die Geschwister in eine Parteistellung für sie gegen den Vater. Das spürt dieser natürlich und veranlasst ihn dazu, seine Kinder eher als Rivalen um die Gunst der Mutter und Gattin, denn als liebende Wesen zu betrachten. Das Vater-Kind-Vater-Verhältnis bekommt einen nachhaltigen Knacks ab. Was auf partnerschaftlicher und elterlicher Ebene außerdem passiert, ist, dass auf diese Weise ihr Gatte seine Steuerungsmöglichkeiten verliert, um mögliche Vorschläge oder Entscheidungen der Beziehung und Tessa zuliebe im Sinne aller Beteiligten verändern zu können. Der Mann merkt ja nicht, dass die Mutter seiner Kinder ein Nein denkt und fühlt, aber dennoch ein Ja lebt beziehungsweise ausdrückt. Ohne zu wissen, wie ihm geschieht, ist ihm jegliche Handlungsmöglichkeit entzogen und er ist nicht nur symbolisch, sondern de facto entmündigt. Sigmund Freud würde diesen Zustand der Handlungsohnmacht wohl als Kastration bezeichnen.

Solche altruistischen Handlungsweisen sind bei allem Verständnis und Mitgefühl unehrlich. In ihrer Wirkung bleiben sie manipulativ. Sie zeitigen fünf mögliche destruktive Folgewirkungen:

- Manipulative Handlungsweisen schaden der handelnden Person in ihrer Authentizität, Integrität und hinsichtlich ihrer Bedürfnisbefriedigung.
- Der oder die betroffene Partner/Partnerin verliert seine oder ihre Gleichwertigkeit, weil er oder sie
- jeglicher Handlungsgrundlage entbehrt und
- seiner- beziehungsweise ihrerseits in solchen nicht greifbaren Situationen nichts zur Förderung der Beziehung beitragen kann.
- Nebenbei bringen sie Beziehungen schleichend an den Rand der Existenz

Zusammengefasst katapultieren altruistische Handlungen den scheinbaren Altruisten aus dem Opferstatus heraus. Bei genauer Betrachtung des Prozessgeschehens wird er oder sie gegenüber dem Partner/der Partnerin zum Täter.

Jedes Mal, wenn du für dein Gegenüber etwas tust, das du nicht tun willst, gibst du unwiederbringlich Energie ab. Diese – deine – Kraft ist weg! Sie verpufft! Dein Gegenüber kann deine Energie nicht auffangen und dir zurückgeben. Er oder sie kann als Reaktion auf dein Handeln nur seinerseits oder ihrerseits etwas tun, das er oder sie heimlich nicht will. Dein Gegenüber will dich schließlich auch nicht verletzen. Auf diese Weise gibt er oder sie wieder ungewollt eigene Energie an dich ab, die du

a) in Wirklichkeit gar nicht haben willst und

b) wiederum nicht zurückgeben kannst, schließlich ist sie nicht die deine. Es ist die seine/ihre. Diese Energie gehört dir nicht.

Da dein Gegenüber deine Handlungsmotivationen weder kognitiv noch emotional (be-) greifen kann, setzt du mit altruistischen Handlungen einen destruktiven Energiekreislauf in Gang. Du als Ganzes bist nicht greifbar, wenn du selbst deine Wünsche, Bedürfnisse, Hintergedanken und Handlungsmotivationen nicht klar kommunizierst.

Körpersprache lügt nicht[18]. Du bist mit deinem Partner, deiner Partnerin und deinen Kindern auch auf energetische, auf telepathische Weise verbunden. Dein Gegenüber fühlt durch deine nicht gesendeten, trotzdem vorhandenen Erwartungen einen undefinierbaren Druck, welcher in schwelende Gefühlsemotionen wie zum Beispiel Schuld führen kann. Subtil setzt so in der Beziehung ein Teufelskreis ein, dem zu entrinnen eine wahre Kunst darstellt.

Will man also ganzheitlich gesund und erwachsen werden, führt an einer Ablösung von den drei dominanten Instanzen im Inneren und im Außen, sprich von der inneren (und äußeren) Mutter, dem inneren (und äußeren) Vater, der inneren und äußeren Primärfamilie als System, kein Weg vorbei. Ablösung bedeutet nicht, dass man seiner Abstammungsfamilie den Rücken zukehren und sich verabschieden soll. Ablösung bedeutet Integration der Protagonisten im Innen wie im Außen. Dem Vater gebührt sein Platz als Vater, der Mutter als Mutter und der Primärfamilie gebührt ihr Platz als Abstammungsfamilie. Wichtig ist anzuerkennen, dass man ein Kind dieser Instanzen ist und bleibt und sich nicht zum Freund, zur Freundin, zum Therapeuten oder zur Ratgeberin der Eltern macht oder machen lässt. Elternebene darf Elternebene sein und bleiben. Kind-Ebene darf Kind-Ebene sein und bleiben. Altersunabhängig.

Diese Ablösung ist im Ergebnis Inhalt und Ausdruck deiner inneren und äußeren Beziehungsfähigkeit. Beziehungsfähigkeit beginnt im Inneren mit dir selbst. Ist deine innere Geschlechtsidentität mit dem gegengeschlechtlichen Part in Balance verbunden, kannst du sowohl mit dir allein sein als auch in Beziehung. Du kannst dich selbst im Alleinsein und in Beziehung genießen und wertschätzend wahr- und annehmen. Du kannst dich für DICH persönlich und für das Ausdrücken und Leben deiner inneren Wahrheit entscheiden. Ja zu sich und zu einem Partner/einer Partnerin sagen zu können bedeutet, sich für ein ganzheitliches, waches und bewusstes Erwachsenendasein zu entscheiden.

Ein waches und bewusstes Erwachsenendasein zu führen impliziert auch, auf Elternebene ein Ja zum Gegenüber zu sagen und zu leben, indem man ihm die Rolle als zweites Elternteil zugesteht und es in eben dieser Rolle und Funktion anerkennt. Freilich ist das oft leichter gesagt als getan.

Simons Papa war, wie schon erwähnt, eine sehr charismatische und nette Persönlichkeit, mit dem Talent, alle für sich einzunehmen. Alle Helfersysteme waren nach Gesprächen mit ihm und gemeinsam mit dem Ehepaar davon überzeugt, die Auslöser für Simons problematisches Gewalthandeln seien bei seiner Mutter zu suchen. Diese sei zu streng, zu diszipliniert, zu strukturiert, würde von ihrem Sohn zu viel verlangen, und so weiter und so fort. Frau Simonuti rechnete damit, dass ich von vornherein in die gleiche Kerbe schlagen würde wie die sonstigen ExpertInnen, mit denen sie bezüglich ihrer Konfliktproblematik mit dem Sohn und dessen Vater zu tun hatte. Dementsprechend distanziert und skeptisch trat sie mir am Anfang unserer Zusammenarbeit und durchaus für längere Zeit gegenüber. Trotzdem war sie immer pünktlich und sehr verlässlich in ihren Handlungen, Aussagen und Haltungen. Sie war klar. Ich kannte mich aus. Natürlich hinterfragte ich mein vermeintliches „mich auszukennen“ immer wieder wachsam und selbstkritisch. Es hätte ja auch sein können, dass mich mein Eindruck täuschte. Über ihren Ex-Gatten verlor sie wochenlang kein schlechtes Wort.

Anders verhielt sich Simons Papa. Dieser war von Anfang an gesprächig und zeigte Kooperationswillen sowie Dankbarkeit für die Unterstützungsmaßnahme des Jugendamts. Für seine Ex-Frau, von der er ausging, sie würde sich nicht auf den Arbeitsprozess einlassen, versuchte er, präventiv Verständnis zu schaffen. Diese Strategie verwirrte mich nun doch etwas. Ich spitzte meine Ohren. Fühlend ahnte ich, dass da in Sachen Authentizität etwas nicht ganz stimmig war. Dennoch blieb ich unvoreingenommen und offen. Die Zusammenarbeit mit dem Kindesvater ging so weiter, wie sie begonnen hatte. Er war derjenige, der den ersten Termin beim Jugendamt vergessen hatte. Bei den weiteren war es nie ganz sicher, ob er kommen würde oder nicht. In den Gesprächen zeigte er sich so lange freundlich und konstruktiv, bis ich mich in Simons Interesse dazu veranlasst sah, ihn weniger an seinen Worten zu messen als an seinen Taten. Herr Simonuti hatte viele Wünsche, wie der Alltag mit seinem Sohn in seinem Interesse verlaufen sollte. Er nahm ihn mit zu seinen Terminen, ließ ihn im Auto warten. Er und seine Schwestern durften bei ihm und seiner neuen Partnerin im Haus schlafen und wurden über Nacht alleine gelassen. Das erzählte der Bub spätestens am Folgetag, als er wieder zu Hause war, seiner Mutter. Herr Simonuti traf Bekannte und Freunde. Ging auch ab und an ins Gasthaus, um einen netten Nachmittag oder Abend zu verbringen. Währenddessen versank Simon im Handy und spielte Gewaltspiele, die erst ab dem 18. Lebensjahr zugelassen waren. Geschäftliche Termine, welche die eine oder andere gemeinsame Woche mit Simon verhinderten, identifizierte der Bub über Facebook oder Instagram als väterliche Urlaubsaufenthalte mit dessen neuer Freundin. Simon erlebte immer wieder Enttäuschungen, die den Jungen dazu zwangen, sein den Papa verherrlichendes Bild selbst zu relativieren. Sein Papa konnte Simons heroischem Bild von ihm einfach nicht standhalten. Es scheiterte nicht daran, dass der Vater seinen Sohn, seine Kinder nicht liebte.

Herr Simonuti wollte ein guter Papa sein. Er hatte durchaus liebevolle und warme Qualitäten, die er seinen Kindern nicht vorenthielt. An der Umsetzung haperte es. Und es hatte Zeit gebraucht, um genau das herauszufinden, für Simon und für mich. Nur Frau Simonuti war das schon vorher klar. Dieses widersprüchliche „Ich will ja, mach dann aber doch etwas ganz anderes"- Verhalten belastete die Mutter schon seit längerer Zeit.

Frau Simonuti arbeitete tapfer an Strategien, diesem kräftezehrenden Verhalten gelassener gegenübertreten zu können. Das gelang ihr mit der Zeit auch. Zuerst brauchte sie, vor allem aber der Bub bittere Beweise für die Tatsache, dass am Verhalten des Kindesvaters nur Herr Simonuti selbst etwas verändern konnte und niemand sonst. Das Erkennen und Anerkennen dieser Tatsache ermöglichte es Mutter und Sohn, ruhiger und gelassener mit den gegebenen Umständen umzugehen.

Verändert einer der an einem Beziehungssystem Beteiligten seine eigenen Reaktionen und Handlungsweisen, verändert dieses neue Verhalten automatisch auch das Verhalten des Gegenübers und das gesamte Beziehungssystem an sich. Auf verändertes Verhalten kann man nicht in gleicher Weise reagieren wie üblich. Neues Verhalten löst neue Reaktionen aus.

Die Entmystifizierung seines Vaterbildes war zwar schmerzhaft, hatte aber eine beruhigende Wirkung auf Simon, weil der Bub dadurch lernen konnte, seiner eigenen Wahrnehmung zu vertrauen und er an Orientierung gewann.

Die Hierarchie der sechs Hauptprotagonisten.

Warum die aktuelle Organisation sozialstaatlicher Pensionssysteme nicht funktionieren kann

Eine weitverbreitete patriarchalische Mutmaßung ist, dass Kinder ihren Eltern etwas schulden. Auf dieser Annahme fußen hohe Erwartungen unzähliger sogenannter „Erwachsener" in fortgeschrittenem Alter, ja selbst die Organisationsstruktur staatlicher Pensionssysteme.

Nicht genug damit, dass diese veraltete gesellschaftliche Überzeugung seit geraumer Zeit auf Folgegenerationen enormen Druck ausübt.

Sie belädt Generationen von Kindern und jungen Menschen mit energetischen und realen Schulden. Daraus resultieren enorme Schuldgefühle, die den Menschen an der Ausübung seines Geburtsrechts das Leben zu genießen hindern. Aufgebürdete Schuld und Schuldgefühle unterbinden ein Leben in Freiheit und Leichtigkeit. Schuldgefühle verursachen enormen Druck und Stress, in denen sich wiederum ursächliche Auslöser für Krankheit und Kriminalität verstecken können.

Bei der Annahme, ein Kind müsste seinen Eltern im Alter etwas zurückgeben, handelt es sich um einen kollektiven

Irrtum. Diese These lässt sich anhand unterschiedlicher Gesichtspunkte nachweisen.

„Geschenkt ist geschenkt. Wieder holen ist gestohlen!" (Kinderweisheit)

1. Das Leben ist ein Geschenk
2. Ein Geschenk beruht auf Freiwilligkeit
3. Ein Geschenk erfordert keine Gegenleistung
4. Ein Geschenk musst du dir nicht verdienen

Wenn Mann und Frau sich vereinen, um gezielt für Nachkommen zu sorgen oder auch nur um Spaß mit und aneinander zu haben, geschieht dies auf freiwilliger Basis. Allein Gewaltdelikte unterbrechen diese Regel.

Die sexuelle Vereinigung von Mann und Frau, – den künftigen inneren und äußeren elterlichen Hauptprotagonisten in jedermanns und jederfrau Leben – ist Grundlage für das Geschenk des Lebens. Zumindest für das Leben jedes auf zwei oder vier Beinen wandelnden Wesens.

Das Leben selbst ist das größte Geschenk, das es gibt. Unabhängig von seiner zelebrierten oder nicht ausgelebten Qualität und Werthaltigkeit ist und bleibt das Leben immer und ausschließlich geschenkt. Ein Geschenk erfordert keine Gegenleistung. Es ist nicht an Schuld und Rückgabe- oder sonstige Verpflichtungen gebunden. Sobald ein Geschenk an Zwang, Bedingungen oder Erwartungen geknüpft wird, geht der Geschenkcharakter verloren.

Zuerst war die Henne, dann das Ei!

Eltern bleiben in der Rolle der Schenkenden, Kinder in der der Beschenkten. Immer!

Was allerdings von dem oder der mit dem Leben Beschenkten anerkannt werden muss, ist die vorhergehende Existenz der Mutter und des Vaters. Umkehrschluss ausgeschlossen. Die metaphorische Henne sind die Eltern, das metaphorische Ei sind die Nachkommen. In dieser Funktions- und Rollenverteilung gibt es keine Gleichwertigkeit und kann eine solche auch nicht erreicht werden. Gleichwertigkeit zwischen Eltern und Kindern herstellen zu wollen, ist Illusion. Nun gibt es eine sehr hohe Anzahl an beschenkten Kindern, die unbewusst glauben, Verantwortung für den Schenkenden (Vater) oder die Schenkende (Mutter) beziehungsweise für die Schenker (Eltern) übernehmen zu müssen. Die Konsequenzen dieser altruistischen Grundhaltung gehen häufig auf die gesundheitliche Substanz der dieser Überzeugung anhängenden erwachsenen Kinder.

„Meine Eltern waren für mich da, also liegt es nun in meiner Verantwortung, auch für sie da zu sein,“, lautet die gängige These von aufopferungsvollen Menschen. Meistens sind es Frauen, die sich verpflichtet fühlen, Verantwortung für die alternden Eltern übernehmen zu müssen und die ihre Mütter, Väter oder Schwiegerelternteile pflegen. Hintergründig sind nicht selten ungelöst verborgene kindliche Sehnsüchte und Wünsche an Mama und Papa mit der altruistischen Ausübung dieser Aufgaben verbunden.

Dabei wird oft übersehen, dass die Schenkenden das Geschenk des Lebens aus freien Stücken übergaben. Vater und Mutter sind beziehungsweise waren zu keiner Zeit zur Geschenkübergabe gezwungen (Gewaltdelikte sind, wie schon erwähnt, grundsätzlich ausgenommen). Dies insbesondere nicht in Anbetracht der fortschrittlichen medizinischen Verhältnisse des letzten Jahrhunderts. An dieser Tatsache ändern auch religiöse und gesellschaftliche Normen und Wertvorstellungen nichts. Die durch deren Werte und Regeln geprägten, vordergründig altruistisch motivierten Haltungen und Handlungsweisen führen Kinder, welche den Ablöseprozess nie vollzogen haben, unreflektiert in die Selbstaufgabe und Opferrolle.

Die Kehrseite der aus Pflicht- und Schuldgefühl eingenommenen Opferrolle ist allerdings die damit einhergehende Täterrolle. Sich über die Eltern zu stellen, um diese zu versorgen und zu pflegen, bedeutet, diese in fortgeschrittenem Alter in die Rolle des Kindes zu pressen. Des Weiteren ist damit zwangsläufig ein sich Wichtigmachen und über die Eltern Stellen verbunden. Die Elternrolle für die Eltern zu übernehmen kann bei der diese übernehmenden Person tiefe Schuldgefühle und ein sich Nicht-vergeben-können auslösen. Auch bei dem bemutterten und „be-vaterten“ Elternteil besteht die Gefahr, dass sich neben einer Haltung von Dankbarkeit unbewusst, manchmal möglicherweise auch bewusst Unversöhnlichkeiten einschleichen können. Wer lässt sich schon gerne entmündigen? Keiner. Am allerwenigstens deine Erzeuger.

In diesen Ausführungen dürften Ursachen dafür zu finden sein, dass alte Menschen ihrer (Selbst-)Verantwortung enthoben, geistig und körperlich häufig vorzeitiger abbauen, als wenn man sie in ihrer Größe, ihrer Rolle und ihrem

Verantwortungsbereich überließe. Hier verstecken sich außerdem Auslöser für psychisch-emotionale und/oder körperliche Erkrankungen von pflegenden erwachsenen Kindern.

Verfügen über dieses Wissen heißt nicht, dass sich nun alle Kinder von ihren Eltern abwenden sollen. Es zeigt nur auf, dass es empfehlenswert ist, vor einer Übernahme von Versorgungsverantwortung mit einer solch enormen Tragweite innerlich den Ablöseprozess vollzogen zu haben. Dadurch erreicht man einen neuen Bewusstseinslevel, der es einem ermöglicht,

a) sich frei von Schuld- und Verpflichtungsgefühlen

b) in voller Bewusstheit und

c) Freiwilligkeit für oder gegen die Übernahme dieser Aufgabe zu entscheiden sowie

d) in einer neutraleren Haltung und emotional gelassener auf mögliche Spitzen und Verletzungen zu reagieren, als wenn man Versorgungsaufgaben unbewusst und basierend auf Schuld- und Pflichtgefühlen übernimmt. Denk an meine Aussage in meiner persönlichen Geschichte zu Anfang dieses Buches: Wenn jemand wunde Punkte erkennt und weiß, wie man wann entsprechende Knöpfe drückt, dann sind das die, die den Menschen am längsten kennen und ihm am nächsten stehen. Das sind neben deinem Partner und guten Freunden vor allem deine Eltern.

Der Vollzug des sich Loslösens von deinen inneren und äußeren Eltern bringt dir die Fähigkeit, Mutter und Vater bestmöglich in deren Elternrolle zu belassen und in größtmöglicher Wertschätzung ihnen gegenüber agieren zu können.

Sind alte, in der Vergangenheit durch Mutter oder Vater ausgelöste Verletzungen und Schmerzen zum Zeitpunkt der Verantwortungsübernahme nicht verheilt, besteht außerdem die Gefahr, sich spät aber doch, offen oder subtil an den Eltern schadlos zu halten beziehungsweise sich an ihnen für in der Vergangenheit durch sie erfahrenes Leid zu rächen. Wurzeln lang anhaltender Generationenkonflikte und Geschwisterkonflikte können hier gefunden werden[19].

Wie ein Adler, der sein Nest verlassen muss, um selbst ein eigenes, neues Nest zu bauen, das geeignet zur Aufzucht seiner Nachkommen ist, musst du als Mann oder als Frau deine biologischen Erzeuger und sozialen Ernährer, deine Mama und deinen Papa verlassen, um dich für deine Beziehung inklusive oder exklusive (freiwilliger!) Begleitung und Betreuung möglicher Nachkommen zu entscheiden.

Dieser Prozess des Ablösens ist nicht von heute auf morgen vollzogen. Er geht auch nicht schmerzlos oder konfliktfrei vonstatten. Im Grunde handelt es sich dabei um kontinuierliches Training, das immer wieder aufs Neue Lektionen bringt und regelmäßiges Üben einfordert.

Jedes Mal, wenn du nach Hause zu deinen Eltern kommst, gelangst du automatisch – ob dir das gefällt oder nicht – wieder in die Rolle des Kindes. Besuche bei den Eltern sind in Ordnung. Aber es kommt auf deine respektvolle Haltung ihnen und dir gegenüber an.

Dir bleibt nichts anderes übrig, als deine Eltern in dem dir vorgereihten und unantastbaren Stadium zu belassen und ihnen gegenüber eine Haltung der Demut einzunehmen.

Und eben diese Demut (nicht zu verwechseln mit Unterwürfigkeit!) braucht es auch von deinem Partner oder deiner Partnerin. Es geht darum, deine Mutter und deinen Vater anzuerkennen und zu belassen in dem, was sie sind: deine Eltern. Das bedeutet außerdem, dass du in dieser Zusammensetzung deine eigene Rolle als Kind anerkennen und annehmen darfst. Das gilt auch für die Person, die du als deinen Partner oder deine Partnerin in deine Ursprungsfamilie mitbringst. Deine Mutter und dein Vater sind und bleiben dir (und deinem Partner, selbst wenn diese Person sich in der elterlichen Altersklasse oder sogar darüber bewegen mag) vorgereiht.

Sowohl Pflichtbesuche im Elternhaus als auch die möglicherweise später anfallende Versorgung eines oder beider Elternteile aus einer Haltung der Schuld und Verpflichtung heraus können kontraproduktiv wirken. Entscheidungen, getroffen aus inneren Werthaltungen wie Höflichkeit und Verpflichtung heraus, sind sichere Zeichen dafür, dass du dich von deinem Primärfamiliensystem nicht abgelöst hast, sondern dich deinen Eltern gegenüber von Gefühlsemotionen in den Qualitäten von Schuld und Verlustängsten leiten lässt.

Die Vereinigung der inneren Geschlechtsidentität mit dem inneren Partner

Um in deine innere und äußere Autonomie als Frau oder Mann zu gelangen und um in dieser Kraft zu bleiben, musst du dich in deinem eigenen Feld in deinem eigenen Netzwerk außerhalb deiner Primärfamilie bewegen. Das Gleiche gilt für deinen Partner oder deine Partnerin. Diese(r) braucht in deiner Primärfamilie jedenfalls deinen Schutz seiner beziehungsweise ihrer Integrität!

Das Sprichwort „Blut ist dicker als Wasser“ darfst du, willst du dich als beziehungsfähig betrachten oder das Stadium erwachsener Beziehungsfähigkeit erreichen, wie schon erwähnt, getrost aus deinem Wortschatz streichen. In seiner Konsequenz hält dich dieser Glaubenssatz im Kleinkindstadium fest und schwächt deinen Partner in dessen erwachsener Integrität. Dieser wird neben dir zum Eindringling in dein Primärfamiliensystem. Er oder sie ist den Systemträgern deiner Primärfamilie ausgeliefert, weil einerseits immer systemfremd bleibend, andererseits aber von deinen Eltern auf unbewusster Ebene ebenso zum Kind gemacht wird wie du.

Stell dir ein Adlerjunges vor, das im Nest der Adlereltern erwachsen wird. Was passiert mit diesem Adlerjungen, das übersieht, seine Flügel zu schwingen und in die Freiheit zu fliegen? Glaubst du dieses Adlerjunge beziehungsweise der junge Erwachsene kann einen potenziellen Partner in das Nest, das seine Eltern für ihn gebaut haben, einladen? Kannst du dir vorstellen, ein gegengeschlechtlicher Adlerheranwachsender würde eine solche Einladung annehmen? Wohl kaum. Leben ist identisch mit Freiheit. Freiheit bedeutet immer Investition in Risiko. Ein Leben in Freiheit ohne Risiko gibt es nicht.

Angelegt ist diese Wahrheit schon im Geburtsprozess. Für das Kind ist es im Mutterleib wohlig und warm. Es ist aufgehoben und geborgen. Eine angenehmere Komfortzone gibt es für den Menschen während des gesamten Lebens nicht mehr. Die Kraft des Lebens zwingt den Säugling jedoch, seine wohlig-warme Komfortzone zu verlassen und drängt ihn mit geballter Urkraft in die Freiheit.

Zweiter Kraftakt des Lebens für den Säugling in Richtung Freiheit ist das Durchtrennen der Nabelschnur. Entweder pulsiert diese von selbst aus und fällt nach einer Zeit von ca. zwanzig bis fünfundzwanzig Minuten von selbst ab[20]. Oder aber der Mensch, meistens in Gestalt einer Hebamme oder eines Arztes, hilft nach. Das Baby hat sich vom Mutterleib ins Leben verabschiedet. Mit jedem weiteren Lebensjahr verabschiedet sich ein auslaufendes. Im Grunde stirbt jedes vergangene Lebensjahr, es vergeht auf Nimmerwiedersehen. Das gleiche passiert auch mit jeder sonstigen Zeiteinheit: jede Woche, jeder Tag, jede Stunde, Minute und Sekunde stirbt und macht einer völlig neuen Zeiteinheit und Zeitqualität Platz. Autonomie kostet immer den Abschied von Liebgewonnenem, an das du dich gewöhnt hast! Die Komfortzone, in der du dich geborgen und aufgehoben fühlst, muss verlassen werden! Ohne wirkliche Loslösung und Abnabelung vom Elternsystem ist Beziehungsfähigkeit Illusion!

Frage nicht, wie viele Menschen genau diese Aufgabe der Ablösung von ihrer inneren und äußeren Primärfamilie vor sich herschieben! Gehörst auch du dazu? Das kann über kurz oder lang – je nachdem, in welchem erwachsenen Bewusstsein sich dein Partner / deine Partnerin bewegt, – den zügigen oder den schleichenden, jedenfalls aber den sicheren Tod deiner Beziehung bedeuten!

Wenn auch du vor diesen Herausforderungen stehst, betrachte deine Beziehung als Pflanze und schau, was du selbst, die Beziehung als Pflanze und dein Partner/deine Partnerin brauchen, damit diese Pflanze namens Beziehung wachsen und gedeihen kann. Ich hoffe, diese Zeilen geben dir Inspirationen auf deinem Weg zur heilen, reifen und bewussten, ganzheitlich erwachsenen Persönlichkeit, einem Vorbild, das deine Kinder und künftige Generationen brauchen.

Bitte bleibt zusammen! Weil Kinder keine Scheidungskinder werden wollen.

Im Jahr 2013 hob die österreichische Bundesregierung im Gegensatz zu anderen EU Staaten die UN-Kinderrechtskonvention in Verfassungsrang. Seither wird konsequent und in mehreren Rechtsbereichen daran gearbeitet, ihren Zielsetzungen zu entsprechen. Konkret verpflichtet der österreichische Staat zum Beispiel Eltern, die sich scheiden lassen wollen, durch die §§ 95 Abs. 1a und

107 Abs. 3 Z 1 Außerstreitgesetz zur Inanspruchnahme von mehr oder weniger intensiver Elternberatung. Sinn und Zweck dieser Paragraphen ist der Schutz der Bedürfnisse und die Förderung des Wohlbefindens von durch Scheidungen ihrer Eltern massiv betroffenen Kindern. Für Scheidungskinder bricht eine Welt zusammen. Noch dazu gehen sie im Trubel der elterlichen Konflikte häufig unter. Der österreichische Staat will ihnen die Unterstützung angedeihen lassen, die sie brauchen. Am besten können ihre Eltern diese Anforderungen erfüllen, weshalb der Staat sie bei einer Scheidung jedenfalls zur Übernahme von Selbstverantwortung und Verantwortung für die gemeinsamen Kinder zwingt.

Laut im Internet offengelegten Statistiken lassen sich allein im deutschen Sprachraum rund 36% der Ehepaare wieder scheiden. Aus rund 61% der geschiedenen Ehen gehen Kinder hervor! Die durchschnittliche Dauer einer Ehe beträgt heutzutage rund 10,5 Jahre. Rund 17.100 Kinder jährlich sind allein in Österreich[21] von der Scheidung ihrer Eltern betroffen.

Für sie geht dieses Trennungsgeschehen mit einschneidenden Lebensveränderungen und häufig schweren Traumatisierungen einher. Die Anzahl der minderjährigen

Scheidungskinder lag im Jahr 2021[22] in der Schweiz bei rund 13.800 und in Deutschland im Jahr 2020 sogar bei mehr als 121.000 Kindern[23]! Rechnet man Kinder, die aus Trennungen unverheirateter Paare hervorgehen dazu, verzeichnet laut einer interessanten Dokumentation des Westdeutschen Rundfunks aus Juni 2020 allein Deutschland eine Quote von jährlich mehr als 200.000 Trennungs- und Scheidungskindern.[24]

Stellen wir uns diese Zahlen einmal summiert vor, ergibt sich für den deutschen Sprachraum mindestens 230.000 Mal Kinderleid, das Eltern, sprich wir Erwachsenen gemeinsam lindern können und müssen! Bedarf für die gerichtliche Durchsetzung der österreichischen §§ 95 Abs. 1a und 107 Abs. 3 Z 1 Außerstreitgesetz gibt es also zu Hauf! Begrüßenswert also das Ziel der Gesetzgeber, betroffene Scheidungskinder während des Scheidungsprozesses ihrer

geliebten Eltern und bei Bedarf auch im Anschluss zu begleiten. Wünschenswert wäre eine Vorbildwirkung zur Nachahmung für den restlichen Deutschsprachigen Raum.

Was will ein Kind für seine Mama und seinen Papa wirklich?

Ein Mensch, der mit seinem Herzen und auf diese Weise mit Kinderseelen verbunden ist, muss sich doch fragen: „Was will ein Kind denn wirklich? Was ist sein größter Wunsch, was sein Hauptinteresse?“ Die Antwort eines liebenden Kinder kann nur lauten: „Ich will, dass es Mama und Papa miteinander und mit mir gut geht und wir zusammen sind und bleiben. Für immer!“ Und Kinder sind Ausdruck von Liebe und Verbundenheit der elterlichen „Produzenten“.

Als Kinderbotschafterin und Wahrnehmungspsychologin begleite ich im Sinn und aus der Perspektive von liebenden Kindern Eltern durch den Dschungel von Beziehungskonflikten und anderen schmerzhaften Phasen in ein gutes Leben danach – für alle Beteiligten. Zu den schmerzhaftesten Lebensphasen überhaupt gehören Trennungs- und Scheidungsphasen. Schwierig, herausfordernd und schmerzhaft für Elternpaare, bedeuten diese einschneidenden Lebensveränderungen für die gemeinsamen Kinder leidvolle Verlusterfahrungen, häufig verbunden mit Traumatisierung und Verwirrung. Einhergehend mit tiefgreifender Identitätsdiffusion. Ich berate beide Eltern während ihres Trennungs- und Scheidungsprozesses und achte währenddessen darauf, dass die Bedürfnisse der Kleinsten und Schwächsten in dem ganzen Trubel nicht untergehen, sondern gewahrt bleiben und Kinder so wenig wie möglich Negativität abbekommen. Als Wortführerin liebender Kinder ist meine Beratungshaltung beiden Eltern gegenüber wohlwollend, neutral und zugleich klar und bestimmt, wenn es darum geht, sie an ihre Führungsaufgaben und

Verantwortlichkeiten ihrem Nachwuchs gegenüber zu erinnern.

Bevor wir uns die Frage stellen, was man im Krisen- und Scheidungsfall kriseninterventiv oder reparierend im Sinne und Auftrag unseres Nachwuchses tun kann, wäre es zum Wohle aller, insbesondere aber von betroffenen Kindern sinnvoll, uns zu fragen, was wir präventiv tun können, damit es gar nicht erst zur Scheidung kommt und unsere Beziehung so lange wie möglich ein Prozess des Wachstums und wechselseitig bereichernd bleibt.

Als Kinderbotschafterin und Wahrnehmungspsychologin schaue ich aus den Augen und dem Herzen deines Kindes. Ich spreche aus der Haltung und Perspektive deiner dich liebenden Kinder und erörtere für dich Antworten auf die vier Fragen, die tragenden Einfluss auf die Qualität deiner Beziehung haben sowie über Bestand oder Zerfall deiner Ehe entscheiden können.

Vier Fragen, die über den Erfolg deiner Beziehung entscheiden - Präventionsmechanismen zur Verhinderung von Scheidungsleid

Begegnet dir ein Mensch, mit dem du eine Beziehung eingehst, ist die erste Phase der Partnerschaft vergleichbar mit einem Fallschirmflug in luftigen Höhen. Du verlässt vertrautes Terrain und du fliegst mit deinem Partner in neue, wundervolle Gefilde, die sich nach Zweisamkeit und Freiheit, nach Schönheit, Gehalt und Wachstum zugleich anfühlen.

Du spürst dich beim Anderen aufgefangen und angenommen. Fühlst Geborgenheit und Vertrautheit. Du siehst dich in den Augen des anderen glänzen und lässt die Erscheinung deines Gegenübers in deinen glückseligen Augen erstrahlen. Beide nährt ihr euch von der Aufmerksamkeit, dem Interesse, der Zuneigung des geliebten Menschen. Euer Organismus tankt sich voll mit dieser wohltuenden Energie der Zuwendung. Eure Glückshormone feiern Party! Jeder zeigt sich von seiner und ihrer besten Seite, verhält sich so zuvorkommend und liebevoll wie möglich. Wenn nun nur die Zeit stillstehen könnte ...

Tut sie aber nicht. Es handelt sich bloß um eine erste, mehr oder weniger lange andauernde Aufwärmphase, die euch für eine weitere Phase persönlichen Wachstums und Fortschritts, mit Unterstützung und in Begleitung eures Partners wappnen will. In dieser ersten Phase kristallisiert sich nur die Qualität eurer wechselseitigen Bindung heraus, die dich als zusätzliche Kraftquelle in deinem innerlichen Wachstumsprozess nähren kann, wenn du das erlaubst. Von beiden Partnern hängt es nun ab, wie lange diese erste Beziehungsphase erwünschter und berauschender

Honeymoon-Gefühle anhält. Von beiden Beziehungspartnern hängt es ab, ob sie bei längerem Fortbestand ihrer Beziehung immer wieder Zwischenphasen solcher Honeymoon Gefühle einfließen lassen oder ob die Alltagsroutine mehr Raum einnimmt und die Verliebtheitsgefühle nach und nach erdrückt.

Und von beiden Partnern hängt es wiederum ab, ob und wenn ja, wie sie es gemeinsam schaffen, ihre Beziehung auch durch Krisenzeiten zu tragen. Schaffen du und dein Partner, deine Partnerin es, nach einer Krise und aus dieser sogar geläutert, gereift und gewachsen eure Beziehung auf eine neue, noch gehaltvollere Stufe zu heben? Gerade diesen Zielen sollen die folgenden Zeilen dienen.

Es gibt keine Beziehung, die nicht auch ihre Konflikte und Tiefen hat. Fragt sich nur, wie lange die jeweiligen Beziehungspartner darin stecken bleiben. Du hast die Wahl, aus diesen Konflikten und Tiefen früher oder später entweder gemeinsam mit deinem Partner gestärkt herauszugehen oder aber alleine. Schaffst du es, die Lehren aus Krisenphasen zu ziehen, ergeben sich daraus neue Chancen und Geschenke, die dich schlussendlich allzeit in eine Haltung von Liebe und Dankbarkeit führen können gegenüber dem, was gewesen ist und denen, die am vergangenen Geschehen beteiligt sind.

Herauszufinden, wie du am meisten aus Krisenzeiten, in denen deine Beziehung an einer Kippe steht, herausholen und lernen kannst, dazu sollen die folgenden Fragen dich inspirieren.

Fallschirmfrage Nummer 1:

Was kann ich tun, damit es mir in meiner Beziehung besser geht?

Dies ist in guten wie in schlechten Beziehungsphasen die wichtigste Frage, die über Gedeih oder Verderb deiner Partnerschaft entscheidet. Warum? Weil es um dich und DEINE ENTSCHEIDUNG FÜR ODER eben GEGEN deine Partnerschaft geht! In Krisenzeiten wird diese Frage zum essenziellen Thema, zur Zauberfrage an sich. Es handelt sich um eine Kriseninterventionsfrage erster Güte. Sie muss tatsächlich die allererste Frage sein, die du dir stellen musst, wenn du deine Beziehung retten willst.

DU bist diejenige Person, die sich diese Beziehung, diesen Lebenspartner ausgesucht hat! Werde dir dessen bewusst! Niemand hat dich gezwungen, dich gegen diesen Partner oder eben für diese Person zu entscheiden. Niemand hat dich je gedrängt oder zwingt dich, in deiner Beziehung zu bleiben. Im Grunde braucht es permanent wiederholte JA-Entscheidungen für deine Beziehung. Diese JA-Beschlüsse für deinen Partner oder deine Partnerin triffst du täglich aufs Neue. Morgens, mittags, abends, nachts. So lange, bis sich das JA in ein NEIN verwandelt.

Ein gelebtes JAEIN ist die Wurzel aller partnerschaftlichen Teufelskreise. Oft bleibt ein JAEIN oder Vielleicht über Jahre oder Jahrzehnte unbemerkt. Dennoch: Mit einem gelebten Vielleicht oder JAEIN, kannst du eine Beziehung gar nicht erst ins Leben bringen!

Von einem JA in Beziehungsangelegenheiten bis zu einem NEIN ist es häufig ein weiter Weg mit langen Phasen von bewusst oder unbewusst ausgedrückten, gelebten JEINS. Ein „JEIN“ ist ein Mix aus einem Ja und einem Nein umgangssprachlich ausgedrückt: nicht Fisch, nicht Fleisch; nicht schwanger, sondern halbschwanger. Das bedeutet: Du lebst ein Nein, obwohl du ein Ja sagst oder du lebst ein Ja, obwohl du Nein sagst. Dein inneres Erleben stimmt nicht mit dem ins Leben gebrachten äußeren Ausdruck überein. Deine innere Haltung ist ein Ja zu einer Person oder Situation. Ausdrücken tust du aber ein Nein. Oder umgekehrt: Deine innere Haltung ist ein Nein zu einer Person oder Situation, im offiziellen gesellschaftlichen Rahmen trägst du jedoch ein Ja zur Schau, drückst du ein Ja aus.

Ein solches Verhalten kann dein Gegenüber zum Wahnsinn bringen, es in Verwirrung, Orientierungslosigkeit führen. Es kennt sich nicht mehr aus und beginnt seiner eigenen Wahrnehmung zu misstrauen. Innerlich kreisen seine Gedanken um Fragen, die – weil die Situation nicht begreifbar – nicht eindeutig zu beantworten sind: „Wem oder was kann ich jetzt vertrauen? Dem, was du sagst? Dem, was du tust? Täusche ich mich oder widerspricht das eine dem anderen? Bilde ich mir das ein, dass das, was du tust, etwas anderes ist als das, was du sagst?“

Ungefähr so muss es Simon mit dem Verhalten seines Vaters gegangen sein, das sich außerdem in jeder Hinsicht vom mütterlichen Verhalten unterschied. Dieses nicht greif- und erklärbare väterliche Verhalten dürfte ihn in eine Orientierungslosigkeit und Ohnmacht, nahe an die Grenze zum Verrücktwerden gebracht haben.

Manche Menschen, so meines Erachtens auch Simon, kehren ihre Ohnmacht in eine übertriebene Machtausübung um, die dann in Gewalttätigkeiten selbstschädigender und fremd schädigender Natur münden können und doch zugleich massive Schreie nach Hilfe ausdrücken.

Auch Lukas versuchte sich zu helfen, indem er seine Ohnmacht und sein sich seiner unberechenbaren, weil nicht greifbaren Mutter ausgeliefert Fühlen in Schaden zufügende Handlungen umkehrte. Er begann zu lügen und zu stehlen. Mit seiner zurecht gezimmerten Scheinwelt hielt er so manche Menschen in seiner familiären Umgebung ordentlich auf Trab. Auch das ist eine lange Geschichte mit einer hohen Komplexität. Sie sei an anderer Stelle erzählt. Wenn Angriff für Kinder zur besten Verteidigungsstrategie wird, zwingen sie ihre Eltern dazu, auf Eigenproblemrecherche zu gehen, Selbstreflexion zu betreiben und nach Lösungen für alle zu suchen. Diese Arten und Methoden von Stressumverteilung von Kindern zurück zu Eltern kann aus meiner Sicht in die Ränge mit den höchsten Intensitäten von elterlichem Stress und Schmerz klassifizieren, die denkbar sind.

Beobachte einmal dein Umfeld etwas genauer! Wie viele Partnerschaften kennst du, die in Wirklichkeit schon lange ausgelaufen sind? Wie viele Frauen oder Männer kennst du, die faktisch von ihrem Partner, ihrer Partnerin wegwollen, für die Partnerschaft nur noch Mittel zum Zweck ist? Wie viele Menschen kennst du, die Dinge tun, die sie nicht wollen, weil sie sich vor den Konsequenzen fürchten, wenn sie das durchsetzen, was ihrer inneren Wahrheit entspricht? Geht es dir manchmal auch so?

Bei genauer Betrachtung jedoch bleiben diese „JEINS“ de facto so lange ein JA, bis der Beschluss, die endgültige Ent-Scheidung zu einem NEIN erfolgt. Auch wenn das endgültige NEIN ausgesprochen ist, was durch die Beendigung einer

Beziehung, eine Trennung oder Scheidung passiert, heißt das noch lange nicht, dass dieses NEIN wirklich gelebt wird. Wenn sich ein Paar trennt, geschieht es zum Beispiel häufig, dass die Ex Partner im Streit verbunden bleiben und nicht voneinander lassen können. Das Gegenüber erlangt weiterhin Aufmerksamkeit, jedoch nicht mehr in einer positiv bewerteten Grundhaltung wie in früheren Zeiten, sondern verbunden mit negativen Gefühlsemotionen wie Enttäuschung, Wut, Zorn oder Hass. Hass, Wut und Zorn können zwei Partner jedoch intensiver an einander ketten als Liebe, weil man das Gegenüber nur in Liebe und Vertrauen, sprich in positiv besetzten Gefühlsemotionen freigeben, freilassen kann. Negativ bewertete beziehungsweise geladene Gefühlsemotionen können die Aufmerksamkeit der Streit-Partner derart bündeln, dass sie unfrei für eine neue Partnerschaft bleiben.

Häufig verändert sich der gelebte Ausdruck des Unwortes JEIN in seiner Tonlage von einem JAE-IN zu einem JA-EIN, abhängig davon, in welcher Phase der Nicht-Entscheidung du dich befindest. Sprich die Worte JAE-IN und JA-EIN innerlich aus und höre hin! Dann bemerkst du den Unterschied.

Tendiert dein Blick deine Haltung eher in die

- Chancen-Richtung: „Es wäre ja so schön, wenn es klappen würde. Ich gebe ihm/ihr/der Beziehung noch eine Chance" oder in die

- Resignationsrichtung: „Viel Sinn macht das alles ja nicht mehr. Mit ihm/ihr ist nicht zu rechnen. Endgültig zu gehen, macht aber auch noch keinen Sinn für mich."

Und im Fall einer hochstrittigen Scheidung oder einer schon vollzogenen Scheidung, bei der noch so manches offen geblieben ist, könnte dein Blick auch in eine

- Widerstands- oder auch Kampfesrichtung gehen: „Dies oder das oder jenes machst du mit mir nicht mehr! Ich lasse dieses oder das oder jenes nicht mehr mit mir machen.“

Was alle diese Haltungen und Blickrichtungen gemeinsam haben: Der Körper, der Organismus, deine lebendige Handlung und Ausdrucksweise sprechen eine unterschiedliche Sprache zu deinem Mund. Man bleibt beieinander, obwohl man bei genauer Wahrnehmung eher mehr als weniger zum Auseinandergehen tendiert. Die Beziehung oszilliert. Die beteiligten Partner bleiben in der Dehnbarkeit einer On-Off-Verbindung stecken. Dennoch: Verbindung bleibt unabhängig der Qualität ihrer Beschaffenheit dennoch weiterhin eine Bindung.

Beide Begriffe, sowohl das JA als auch ein NEIN, haben eine zeitlich begrenzte Endgültigkeit gemeinsam. Ein NEIN bleibt so lange ein NEIN, bis es sich in ein JA verwandelt. Das Gleiche gilt für den Begriff des JA. Dieses bleibt so lange ein JA, bis es sich in ein NEIN verwandelt. Weder das Ja noch das Nein kann sich in ein Vielleicht verwandeln.

Das Vielleicht einer Beziehung, der Versuch einer Partnerschaft ist eine Illusion! Ohne eine bejahende Entscheidung dafür läuft es nicht!

Mache folgendes Experiment: Versuch dich einfach mal hinzusetzen, dich auf den Stuhl drauf zu setzen! Aber Achtung: nicht hinsetzen, nicht draufsetzen! Nur Versuchen sollst du es! Versuche es lange genug! Gehe mit deinem

Gesäß bis einen Zentimeter über die Sitzfläche. Aber setz dich ja nicht hin! Mit der Zeit wirst du merken, dass du Muskelkater von den dauernden Hinsetzversuchen bekommst. Im Ergebnis bleibt es aber gleich: entweder du sitzt oder du sitzt nicht. Ein Vielleicht-Sitzen, ein Versuchssitzen ist ein Ding der Unmöglichkeit.

Und genauso ein Ding der Unmöglichkeit ist eben in Beziehungen, Partnerschaften oder Ehen das Lebensexperiment, der Lebensversuch eines JEINs. Anders ausgedrückt: Ein Vielleicht oder ein JEIN kannst du nicht ins Leben bringen! In den bewusst oder unbewusst gelebten JEINS der Paare, sprich beider Beziehungsbeteiligter, liegen die Auslöser für die massiven emotionalen Schmerzen, die mit Trennung und Scheidung häufig einhergehen.

Ja, du hast richtig gelesen! Es ist deine Entscheidung, die du entweder bejahend oder verneinend lebst! Wenn du zwar ein Ja zu dieser Beziehung sagst, aber im Grunde genommen ein Nein fühlst, denkst und lebst, kann keine Partnerschaft funktionieren! Genauso wenig, wie es praktikabel ist, bei einem gedachten, gefühlten, sprich innerlich ausgedrückten Nein! ein Ja zu leben. Erst recht kannst du nicht ein Ja von deinem Mann oder deiner Frau dir gegenüber erwarten, wenn du selbst dich bei ehrlichem Einfühlen in dein Gefühlserleben nicht wirklich für sie oder ihn entschieden hast. Diese Tatsachen sind genauso unumstößlich, wie es sicher ist, dass wiederholte Versuche, glasklare „Vielleichts" oder unausgesprochene JEINs zu leben, dich und deine Partnerin/deinen Partner in den sicheren Beziehungsruin führen. Mit dem Job verhält es sich ähnlich. Nur können dich Verhaltensweisen dieser Art unreflektiert und ungelöst im Berufsleben statt in den Beziehungsruin zielsicher in ein Burn-out führen.

Überprüfe deine persönliche innere Haltung zu deinem Partner/zu deiner Partnerin!

Fühlst du überhaupt noch ein „Ja!“ zu dieser Person an deiner Seite? Oder fühlst du eher schon ein „Jein“, ein „Vielleicht“ oder gar ein klares „Nein!“? Setz dich an einen schönen Ort in der Natur oder auf deinen Meditationsplatz! Oder leg dich gemütlich auf die Couch. Dann schließe deine Augen, gehe in deinen Wahrnehmungsinnenraum und werde weich! Geh in Verbindung mit deinem physischen Herzen! Fühl da hin und frag dein Herz in diesem Wortlaut: „Liebes Herz, zeige mir bitte: Welche Gefühle hegst du für die Person an meiner Seite?“

In dieser Weichheit darfst du deinen Partner, deine Partnerin in deiner inneren Vorstellung in einen goldenen Lichtkreis oder ein anderes segnendes Symbol stellen und dein Herz sprechen lassen! Und dann lasse dein Wollen, deine Wünsche, deine Forderungen beiseite und schau, was sich in dir – vor deinem inneren Auge und in deinem physischen Herzen tut!

Um es gleich vorwegzunehmen: Wenn du noch ein „Ja!“ zu dieser Beziehung, zu dem aktuellen Mann der aktuellen Frau an deiner Seite fühlst, will dein Unterbewusstsein in dieser Beziehung noch etwas von dir! Dann ist diese Partnerschaft noch nicht ausgelaufen. In diesem Fall darfst und sollst du noch etwas lernen!

Die gleichen Wünsche hat dein Unterbewusstsein auch an dich, wenn du negativ bewertete Gefühle und Emotionen spürst wie Hass, Zorn, Wut oder sonstige negative Gefühlsemotionen, die wir uns nicht eingestehen, nicht zugestehen wollen. Auch wenn du dich hin und hergerissen fühlst, was du auch auf der physischen Ebene wahrnehmen wirst: das Potenzial dieser Verbindung mit deinem Partner / deiner Partnerin ist noch nicht ausgeschöpft.

Jede Form der Anziehung schenkt dir Perlen, die von dir bis zum aktuellen Zeitpunkt in deiner Partnerschaft unentdeckt geblieben sind. Selbst Verachtung gegenüber deinem Partner/deiner Partnerin ist eine Form von Achtung, die dich an diese Person, an diese Beziehung bindet. Positiv bewertete und negativ bewertete Gefühlsemotionen geben sich die Hand und erteilen dir den Auftrag, unverarbeitete Themen und Wunden zu heilen!

Solange dir dein Herz auf die wesentliche Frage, ob du den Menschen an deiner Seite noch liebst, nicht ein friedvolles, versöhntes „Nein!“ signalisiert, ist diese Verbindung noch nicht ausgeschöpft, sind die Schätze daraus nicht ganz geborgen und schlummern noch in den Tiefen deines Unterbewusstseins. Herz besiegt immer Kopf. Ob dir das nun passt oder nicht, dein Unterbewusstsein ist stärker als deine geistige Präsenz und lenkt dein Leben! Allerdings lenkt es dein Leben immer in eine bereichernde Richtung, wenn auch manchmal durch schmerzhafte Lernphasen. Offene oder verborgene Sehnsüchte wirken anziehender als die rationalste Überlegung, dass die Beziehung im Grunde keinen Sinn mehr macht. Fühlst du also kein friedvolles, versöhntes Nein zu der Beziehung, in der du dich noch befindest, gilt es, die Lehren aus der unerwünschten Anziehungskraft oder aber auch aus der Abneigung gegen dein Gegenüber, mit dem du noch zusammen bist, zu ziehen. Es ist wichtig, dass du dir deine offenen und verborgenen Sehnsüchte und Wünsche an deinen Partner, deine Partnerin anschaust. Hinschaust, wo du diese Person zuständig machst, für dein Wohlergehen zu sorgen.

Mehr Unterstützung findest Du hier:
https://scheidungselternberatung.at

Dein Partner ist nicht auf diese Welt gekommen, um dich glücklich zu machen!

Er/sie ist eine völlig eigenständige Person und Persönlichkeit, so wie du auch! Diese Person hat – wie auch du selbst – ihre eigene Bestimmung zu suchen, ihre ganz eigenen Aufträge in ihrem Leben zu erfüllen. Irgendwann – jeweils euren eigenen Weg beschreitend, haben sich eure Wege gekreuzt. Und ihr habt beschlossen, ein Stück des Weges gemeinsam zu gehen, für eine Strecke einen gemeinsamen Lebensbus als Mittel zur Fortbewegung zu nehmen, aus dem jeder von euch jederzeit aussteigen kann, wenn er oder sie das will. Dieser Weg kann kürzer oder länger sein. Manchmal kann diese gemeinsame Strecke auch ein ganzes Leben lang andauern. Jedoch ist es ratsam anzuerkennen, dass es nicht Job des jeweiligen anderen sein kann, den Partner über eine kürzere oder längere Strecke tragen zu müssen. Tut er oder sie dies doch, ist diese Entscheidung freiwillig und keine Selbstverständlichkeit. Und auch diese Haltung wäre dann zu hinterfragen, da es Altruismus wie schon erwähnt im Grunde genommen nicht gibt. Selbstaufopferung führt über kurz oder lang in den sicheren Beziehungsruin.

Ihr seid euch begegnet, um einen Teil eures Lebensweges gemeinsam zu gehen und miteinander zu wachsen! Dein jeweiliger Lebensabschnittspartner ist im Grunde ein Lehrmeister für deinen Weg in dein Potenzial, dein Erwachsensein, in deine Individualität, in deine gesunde Identität und Wesensgröße! Und deine volle Power, dein gesamtes Potenzial zu erreichen, um es auch wirklich ausschöpfen zu können, bedeutet Selbstentfaltung und insoweit Arbeit an dir selbst, unabhängig davon, wie alt du bist! Und genau darin ist dir dein Lebensmensch behilflich und (d)ein Lehrmeister.

Gibt dir dein Herz also die Botschaft, dass deine Beziehung wie erwartet oder auch wider Erwarten noch nicht ausgelaufen ist, geht es für dich in weiterer Folge nicht darum, herauszufinden, was dein Partner/deine Partnerin dir gegenüber alles falsch gemacht oder hätte besser machen können!

Die einzig relevante Fragestellung, die dich weiterbringen kann, ist zu fragen:

- was hättest du selbst anders machen müssen,

  um erst gar nicht in diese – für deine Begriffe – bescheidene Situation zu kommen! Die Antworten auf diese Frage gibt dir dein Unterbewusstsein, wenn du in der Lage bist, in einer offenen und lauteren Haltung hinzuschauen.

Tiefer liegende Fragen zu dieser Frage, welche dich in einen ausführlichen und ehrlichen Reflexionsprozess des vergangenen Verlaufs der Partnerschaft führen wird, sind:

- Wo und wann hast DU deinen Partner/deine Partnerin emotional abrutschen lassen?
- Wo und wann warst oder bist DU nicht erreichbar für deinen Lebensmenschen?
- Wo und wann hast DU ignorant oder gar abweisend und abwertend auf die Bedürfnisse deines Gegenübers oder dessen/deren Person reagiert beziehungsweise tust dies bis heute?
- Wo und wann hast DU dich geistig und/oder emotional über deinen Partner gestellt und blickst heimlich auf ihn/sie herab und fühlst dich ihm oder ihr überlegen (auch Arroganz ist eine Form von Selbstschutz!)?

Gehst du diesen Fragen nach, kriegst du von deinem Herzen und deinem Unterbewusstsein sicher wertvolle Antworten geschenkt. Bitte wundere dich jedoch nicht, wenn du trotzdem bald anstehst und nicht mehr weiter weißt. Das ist ganz normal. Warum? Weil die Muster, die du in deiner Beziehung auslebst, die euch miteinander verbinden und sich im Lebensalltag ineinander einklinken, großteils unterbewusst ablaufen und unbewusst sind.

Es bedarf eines hohen Einfühlungsvermögens in Verbindung mit tiefgreifendem systemischen Know-how sowie intensiver Selbsterfahrung, um zur Lösung eben dieser Fragen zu gelangen, deren Antworten in den tiefsten Tiefen deines unbewussten Raums vergraben sind. Bis zu einem gewissen Grad jedoch kannst du mit diesen Fragestellungen sehr weit kommen. Auch können dir da neutrale, unparteiische Freunde weiterhelfen, wenn du sie um ein ehrliches Feedback fragst. Leider ist es fast unmöglich, neutrale, unparteiische und zugleich reflektierte Freunde zu finden. Und wenn es sie gibt, fürchten sie sich häufig vor deiner Reaktion, wenn sie dir etwas sagen oder erzählen, was du im Grunde genommen nicht hören magst. Kränken will dich schließlich auch niemand.

Besonders schwierig wird es, wenn sich sogenannte Freunde und oftmals auch Coaches beziehungsweise Therapeuten oder sonstige Experten auf deine Seite schlagen. Tritt dieser Fall ein, sei dir sicher, dass sich diese Personen in ihren eigenen Projektionen und ungelösten Themen verheddert haben. Da können sie es noch so gut mit dir meinen. Projektionen sind Wert gebende Bilder über eine vermeintliche Realität, Ereignisse oder Personen. Jemand, der projiziert, sieht Personen, Ereignisse und Gegebenheiten nicht, wie sie sind. Er oder sie schaut durch seine Augen, – welche die Funktion einer imaginären Kamera erfüllen. Sie oder er sieht die betreffenden Personen, Ereignisse, Bilder, Gegebenheiten durch eine Art Bild produzierenden Apparat und die darin enthaltene filternde Linse. Gewürzt wird dieser „Schauprozess“ dieses „Sichtprozedere“ dann noch dazu mit eigenen Vermutungen, Fantasien und Bewertungen, mündend in Schlussfolgerungen. Glücklich der oder die Projizierende und auch das von den Projektionen betroffene Gegenüber beziehungsweise das betreffende

Ereignis oder Geschehen selbst, sind die (entsprechend bewertenden) Beurteilungen positiver Natur. Wehe, wenn nicht!

Wirklich weiterhelfen kann dir in diesen Fragen tatsächlich nur jemand, der selbst einen intensiven Selbsterfahrungsweg durchwandert und diese Themen für sich persönlich gelöst hat. Augenscheinlich gibt es sehr wenige Menschen, die einen solch hohen Grad der psychisch-emotionalen und geistigen Reife erlangt haben. Außerdem musst du auf folgende Gefahr hoch sensibel achten:

Schütze und wahre die Intimsphäre deiner Beziehung!

Gleichgültig, ob du dich aktuell wohl in deiner Partnerschaft fühlen magst oder auch nicht. Du bist unter allen Umständen verantwortlich für dein aktuelles Ja zur bestehenden oder auslaufenden Beziehung! Und du bist auch dafür verantwortlich, ein Beziehungsfeld, einen Partnerschaftsraum, – wenn du ihn noch nicht erschaffen hast, – dann spätestens jetzt zu kreieren und zu gewährleisten!

Dieser Partnerschaftsraum, diese Intimsphäre bietet nicht nur dir selbst Geborgenheit und eine vertrauensvolle Atmosphäre! Auch dein Partner, deine Partnerin, erfährt in diesem mentalen beziehungsweise geistigen Raum Schutz für die persönliche mentale, psychische und körperliche Integrität!

Was du außerdem mitbedenken darfst, ist, dass du selbst in deiner Größe bleibst, – wenn du in guten wie in schlechten Tagen deiner Partnerschaft, deinem Mann oder deiner Frau eine sichere Sphäre bietest, in der du

- dich selbst und
- deinen Partner/deine Partnerin sowie
- die Beziehung selbst

vor äußeren Einflüssen schützt. Diese Grundhaltung zum Wert Partnerschaft ist eins zu eins übertragbar auf den Wert Familie. Partnerin und Kinder/Partner und Kinder brauchen von dir geschaffen, mit dir gemeinsam eine sichere Sphäre, in der du dich selbst, den zweiten Elternteil, die Kinder und das gemeinsame familiäre Beziehungssystem vor äußeren Einflüssen schützt.

Genau diese Gewährleistung eines sicheren Hafens für die partnerschaftliche Verbindung und in weiterer Folge für ihre kleine Jungfamilie hatten sowohl Frau Simonuti als auch Herr Simonuti von Anfang ihrer Beziehung an übersehen. Beide entstammten Elternhäusern, die ihre verfestigten Prinzipien und Wertvorstellungen pflegten. Während der junge Mann nicht akzeptiert wurde von den Eltern der jungen Frau, erging es ihr im anderen Elternhaus gleich. Sowohl dort als auch da wurde das Paar kritisch beäugt. Unter solchen Umständen müssen Fehler passieren. Dem elterlichen oder schwiegerelterlichen System kann man es nur sehr schwer recht machen. So war die Beziehung von Simons Eltern von Anfang an einem subtilen Druck ausgesetzt, dessen Belastung sie als Personen und die gemeinsame Beziehung schließlich erdrücken musste.

Schwieriger wurde die Atmosphäre außerdem für die Eltern, weil sie von der Unterstützung der Großeltern abhängig waren und diese mit den elterlichen Lebenseinstellungen und Erziehungsmethoden unzufrieden waren. Opa und Oma versuchten diese vermeintlichen Fehler bei Simon, auszumerzen und besser zu machen. Drei verschiedene Sprachstile, drei unterschiedliche Erziehungshaltungen prägten Simons junges Leben. Die Erziehungshaltungen und Sprachstile der beiden Großelternpaare hatten etwas gemeinsam: Beide wussten besser als die Eltern, was gut für Simon war. Während das eine Großelternpaar auf die Kindesmutter einredete und ihr den Gatten ausredete, passierte Folgengleiches im Elternhaus des Kindesvaters. Und Simon? Der konnte alles fühlend wahrnehmen. Das Kind litt unter einer jahrelang anhaltenden Dauerüberforderung. In den Elternhäusern der Großeltern gab es weder die Möglichkeit, eine Intimsphäre für die Paarbeziehung noch für die Möglichkeit zur Entwicklung einer Familiensphäre zu schaffen.

Betrachte deine Beziehung metaphorisch als Pflanze!

Eine Pflanze ist eine Wesenheit, eine Beziehung auch. Eine Pflanze hat ein Wesen, – eine Seele, gleichwohl eine Beziehung. Eine Pflanze ist einzigartig individuell, eine Beziehung ebenso. Pflanzengattungen und -qualitäten gibt es viele, Beziehungsarten und –qualitäten auch (hetero-, homosexuelle, mit Verehelichung oder ohne, Monogamie, Bigamie usw.). Eine Pflanze in ihrer individuellen Einzigartigkeit jedoch ist nicht duplizierbar, genauso wenig wie eine Beziehung. Es gibt viele Pflanzen derselben Art. Aber es gibt keine Pflanze derselben Pflanze. Es gibt viele Beziehungen mit ähnlichen Verlaufsmustern, aber nie mehrere Beziehungen, die ident mit dieser sind oder verlaufen, die du gerade durchlebst. Diese Beziehung und übrigens jegliche deiner Beziehungen, die du führst oder geführt hast, war, ist und bleibt einzigartig.

Welchen Bedarf hat eine Pflanze, um in aller Pracht gedeihen zu können? Sie braucht zuerst eine Intimsphäre für sich. Einen schönen und geschützten Platz, der ihrem einzigartigen, besonderen Wesen entspricht. Dieser Platz steht stellvertretend für den geistig und mental geschützten Beziehungsraum.

Der Beziehungsraum ist ein Raum, den nur die beiden Beziehungspartner betreten dürfen. Ausnahmen dürfen in Not- und Ausnahmefällen erlaubt sein. Diese sollte es aber im Grunde genommen nur für ExpertInnen aus dem psychologischen und psychotherapeutischen Bereich geben, die du alleine oder gemeinsam mit deinem Mann oder deiner Frau aufsuchen kannst, um deiner/eurer Partnerschaft nützlich zu sein. Vielleicht gestattest du ab und zu einem – wie schon gesagt – NEUTRALEN und LAUTEREN befreundeten Ratgeber den kurzweiligen Eintritt in diesen Raum. Allerdings müssen Achtsamkeit und unbedingte Wertschätzung der Integrität deines Partners unabhängig davon, wie sich deine emotionale Befindlichkeit diesem gegenüber im Moment ausdrücken mag, deine obersten Prioritäten bleiben! Dein einziges und ausschließliches Ziel muss es sein, deine Partnerschaft zu stärken!

Es ist immer wieder verlockend, sich in Krisensituationen Bestätigung für persönliches Beziehungsleid im Außen zu holen. Dies kann vorübergehend auch Balsam für deine Seele sein. Wie gerne hört man Aussagen wie: „Du hast doch was Besseres verdient! Warum tust du dir diese Frau, deinen Mann oder diese Geschichte überhaupt an?" Hörst du Feststellungen dieser Art öfter höhlen sie – wie der stete Wassertropfen den Fels – deine Beziehung nach und nach aus. Weisheiten wie diese sind pures Gift für eine Partnerschaft und killen von vornherein jegliche Wachstumschance, die sich aus dieser ergeben könnte.

Holst du dir auf diese Weise Bestätigung für persönliches Beziehungsleid im Außen, schadest du damit der Pflanze „Beziehung". Gleichzeitig schadest du dir selbst sowie der Integrität deines Partners oder deiner Partnerin! Willst du das? Wenn nein, suche dir konstruktive Wege, um Hilfe für dein Problem und die damit verbundenen Schmerzen zu erhalten und Lösungsansätze gezeigt zu bekommen!

Viele Beziehungen kranken genau an dem Weh, dass Mann oder Frau sich Unterstützung und Zuspruch in ihrer Primärfamilie holen. Oft sind insbesondere Mütter unzufriedener Beziehungsbeteiligter besonders gefährdet, es mit ihren „erwachsenen" Kindern gut zu meinen und ihnen „gute" Ratschläge für einen besseren Beziehungsalltag zu geben. Allerdings sind Mütter und Väter für Beziehungsfragen jeglicher Art die falsche Anlaufstelle, weil sie parteiisch sind und es auch ihr Job ist, parteiisch zu sein. Mütter und Väter müssen für ihr Kind da sein. Rennst du in Partnerschaftsangelegenheiten zu Mama oder Papa, bringst du damit nicht nur dich selbst, sondern auch deinen Partner in die Position eines Kindes. Du bleibst immer Kind deiner

Eltern, dein Mann oder deine Frau aber nicht. Dein Partner bleibt Kind seiner oder ihrer Eltern.

Unterschiedliche Familien- und Elternsysteme sind grundsätzlich nicht kompatibel, weil da wie dort unterschiedliche Regeln und Grenzen gelten, welchen die erwachsenen Kinder zeit ihres Lebens unterworfen waren. Dies stellt im besonderen Kinder von Scheidungspaaren vor Herausforderungen und muss in einem Scheidungsprozess unbedingt mitbedacht werden. Scheidungskinder haben noch größere Herausforderungen in der Lebensbewältigung. Sie müssen sich automatisch auf mehr als eine Familienintimsphäre einstellen lernen. Diese neuen Familienintimsphären setzen sich aus neuen Beteiligten zusammen und haben außerdem unterschiedliche Normen, Werte, Regeln und Grenzen, die im Alltag gelten und gelebt werden. Hinzu kommen die unterschiedlichen Wohnörtlichkeiten, an die sich die betroffenen Kinder auch erst gewöhnen müssen. Das bedeutet nicht in jedem Fall, dass von einer Trennung oder Scheidung abzuraten ist, wenn eine Beziehung ausgelaufen ist. Es gibt genug familiäre Situationen, in denen leidende Kinder von dauerstreitenden Eltern deren Trennung herbeisehnen, damit wieder ein bisschen mehr Ruhe und Frieden ins Heim kommen. Überlässt man Kindern allerdings die Wahl, wählen sie, dass der geliebte Papa mit der geliebten Mama auch zusammen bleiben soll. Am liebsten hat ein Kind immer beide Eltern und dadurch so viel Struktur, Sicherheit und Geborgenheit wie möglich.

Das Gegenteil von gut ist gut gemeint

Die Redewendung „Das Gegenteil von gut ist gut gemeint" erreicht beim elterlichen Rat geben, bei elterlichen Ratschlägen höchste Wirkkraft. Wie kommt das? Der oder die Ratsuchende begibt sich durch den Akt des Rat-Suchens in die Rolle eines Kindes, das bei Mama "petzt". Dadurch wird der Partner an eine der drei dominanten Instanzen, ja sogar an die dominanteste Instanz des Herkunftsfamiliensystems ausgeliefert. Der oder die nicht anwesende Konfliktbeteiligte kann sich nicht wehren. Er oder sie wird von Mutter und Sohn oder Tochter diskutiert. Durch diesen kindlichen Akt des „Sich-Erleichtern" bei Mama wird der Partner oder die besprochene Partnerin ebenfalls in die Rolle eines Kindes katapultiert. Es entsteht ein subtiler Prozess der Rivalität um die mütterliche Gunst, indem die besprochene Person weder gewinnen noch ihm entkommen kann. Die Rat gebende Mutter wird zur richterlichen (Über)Instanz erhoben. Diese Podestfunktion, die sie dadurch zugeschrieben bekommt, ist weder die adäquate Position eines Elternteils noch ihr Zuständigkeitsbereich. Das Unterstützen-Wollen ist keine Hilfe, sondern ein Akt der Einmischung. Ohne es zu wollen, schadet die Mutter damit dem besprochenen Beziehungspartner, ihrem eigenen Kind und dessen Paarbeziehung. Auf unbewusster Ebene wird der Mutter auf diese Weise die alte Verantwortung für das Wohl ihres Kindes sorgen zu müssen, zugeschanzt. Immerhin war die mütterliche Kontrolle eine der tragenden Säulen der Verantwortung für den Sprössling in dessen Säuglings- und Kleinkindalter sowie während der gesamten Kindheit und Jugendzeit. In der vorgeburtlichen Schwangerschaftszeit entscheidet die Mutter sogar über Leben und Tod ihres werdenden Kindes, ob ihr das bewusst ist oder nicht, sie das will oder nicht. Infolgedessen ist der Einfluss, ihre Macht, die Aura einer Mutter auf ihr Kind also unglaublich mächtig. Mutter wusste zu dessen Schutz immer, was ihr Kind tut oder eben lässt! Dies zu wissen war und ist schließlich der – sogar genetisch manifestierte – Auftrag einer Mutter zur Arterhaltung und Evolution der Gattung Mensch!

Eine Mutter verliert im Erwachsenenleben ihres Sprösslings die Jahrzehnte lang nach bestem Wissen und Gewissen wahrgenommenen Verantwortlichkeiten für ihr Kind. Sie verliert ihre Kontrollfunktion und wird im übertragenen Sinne arbeitslos. Zumindest auf der bewussten Ebene. Das heißt aber nicht, dass diese verantwortungsvolle Joblosigkeit von der Mutter auf der unbewussten Gefühlsebene in gleicher Qualität wahrgenommen und verstanden werden kann wie auf der bewussten. Eine jahrzehntelang mit Leib und Seele ausgeübte Verantwortung geht über in Fleisch und Blut, verbleibt sozusagen verankert in allen tiefen Böden des materiell-physischen Seins und Schwingungsfrequenzen des Bewusstseins. Es handelt sich um eine Identität, die frau nicht so einfach abschütteln kann. Möglicherweise gibt es auch Ausnahmen. Grundsätzlich aber gilt: Eine einschneidendere Programmierung als das Muttersein mit deren einhergehenden Schutzfunktionen gibt es nicht oder vielmehr kaum. Man denke daran, welche Kräfte eine Mutter entwickeln und welche Schmerzen sie durchstehen muss, wenn sie einem Kind auf natürlichem Weg der Geburt das Leben schenkt. Oder denke an die Power, die eine Mutter aufbringen kann, kommt sie in die Situation, das Leben ihres Kindes retten zu müssen. Körperlich kann sie dazu im Stande sein, ein Auto hochzuheben, wenn Not an der Frau ist. Notfalls riskiert eine Mutter ihr eigenes Leben für das Leben und Wohl ihres Kindes. Nicht selten geschah es in der Vergangenheit, dass Mütter während des Geburtsvorgangs starben. In jüngerer Zeit hat sich die Anzahl der diesbezüglichen Todesfälle dank der medizinischen und medizintechnischen Fortschritte glücklicherweise reduziert, genauso wie auch die Säuglingssterberate kleiner geworden ist.

Diese in jede Zelle des eigenen Seins einprogrammierte mütterliche Verantwortung in Bezug darauf, das eigene Kind wieder loszulassen und dieses in die weite Welt, sprich die eigene Welt – das eigene unabhängige Leben – ziehen zu lassen, ist eine paradoxe, schwierige und höchst verantwortungsvolle Aufgabe im Leben jeder Mutter. Es handelt sich hierbei um einen unglaublich intensiven, von Trennungsschmerzen begleiteten emotionalen Ablöseprozess.

Auf der unbewussten Ebene verbinden Frauen häufig ihre eigene Existenzberechtigung mit der Geburt und Existenz eines oder mehrerer Kinder. Durch die Zeitspanne von mehreren Tausend Jahren patriarchaler Gesellschaftsentwicklung hindurch hat sich diese unbewusste, individuelle und kollektive Prägung des weiblichen Selbstwerts extrem verfestigt. Noch sehr stark vorhandene Ausprägungen davon ausgedrückt in gesellschaftlichen Werten und Grundhaltungen, mündend in entsprechende Gesetzgebung und Lebensweisen sieht man auch heute noch. Man schaue in das eine oder andere näher oder weiter entfernte Nachbarland des europäischen Kontinents oder blicke sich außerhalb der westlichen Welt in asiatischen oder Ländern des Fernen Ostens um.

Auch wenn sich das Kind schon im fortgeschrittenen Erwachsenenalter befindet, ist von einer Loslösung der Mutter-Kind-Verbindung noch lange keine Rede. Auch die Kind Programmierung gegenüber Mutter und Vater ist in der menschlichen Identität unauslöschlich verankert. Mutter-Kind-Bande sind möglicherweise gar nicht lösbar. Schließlich war das Kind während seiner Zeit im Mutterleib eins mit der Mutter. Nach seinem Geburtsprozess bleibt das Kind ein Leben lang ein Teil der Mutter und auch des Vaters. Die Zellen beider Eltern haben sich während der Zeugung des Kindes in diesem verschmolzen. Bei der Mutter-Kind-Verbindung kommt die Nabelschnur, die Mutter und Kind während rund neun Monaten untrennbar verbindet und zugleich als Lebens- und Nahrungsquelle für das Kind fungiert, noch dazu. Eine Mutter ist und bleibt mit ihrem Kind telepathisch und intuitiv verbunden. Hat sie Zugang zu ihrer emotionalen Innenwelt, fühlt sie es, wenn der erwachsene Sprössling emotional belastet ist. Diese telepathische Mutter-Kind-Verbindung wurde auch in Tierversuchen nachgewiesen, bei denen eine sich auf einem anderen Kontinent befindliche Tiermutter in dem Moment zusammen zuckte, als ihr Kind starb.

Entlädt nun der erwachsene Sprössling seine Partnerschaftssorgen bei seiner Mutter, erhält diese einen Einblick in die Beziehung ihres – von sich selbst wieder zum Kind gemachten – erwachsenen Kindes. Dies schadet, wie gesagt, einerseits der Intimsphäre der Beziehung und andererseits der erwachsenen Persönlichkeit des zum Kind gemachten Partners. Der oder die Betroffene erfährt eine Quasi-Entmündigung, weil er oder sie in der Zweierbesprechung zwischen Mutter und Kind ohne Möglichkeit zur Stellungnahme diskutiert und insofern – wenn auch noch so gut gemeint – diskreditiert wird.

Ausnahmen bestätigen wie schon gesagt, möglicherweise die Regel. Grundsätzlich jedoch können solche Akte der Partnerbesprechung mit Mitgliedern der Primärfamilie disharmonisch, ja sogar zerstörerisch bis in die paarsexuelle Intimsphäre hineinwirken. Der oder die PartnerIn wird genau genommen ausgerichtet.

Hat der oder die Besprochene, der oder die Ausgerichtete „Glück", mutiert das zur richterlichen Instanz gemachte Elternteil, sonstige Familienmitglied oder eben der beziehungsweise die FreundIn zu einer der besprochenen Person positiv zugetanen Verteidigung. Abgesehen davon jedoch, dass dieses „Glück" nur selten „zuschlägt", sind Primärfamilienmitglieder des Herkunftssystems die denkbar parteiischsten Gesprächspartner in Sachen Lösungsfindung für Beziehungskonflikte. Das Gleiche gilt zu allermeist auch für Freunde.

Häufig haben Primärfamilienmitglieder selbst verdeckte oder sogar offene Differenzen und Konkurrenzen mit dem Frager/der Fragerin oder eben mit dem jeweiligen betroffenen Partner. Werden sie parteiisch zugunsten des eigenen Familienmitglieds, erfährt der Partner mit hoher Wahrscheinlichkeit Entmündigungsschäden. Werden Familienmitglieder parteiisch mit dem familienexternen Partner, besteht die Gefahr, dass sich das fragende Familienmitglied verraten fühlt und im schlimmsten Fall sogar tatsächlich verraten wird. Eine Entmündigung der abwesenden Person findet dennoch statt. Immerhin hat diese nicht die Möglichkeit, ihren persönlichen Standpunkt, ihre eigene Sichtweise zu vertreten. Der evolutionäre Job der Primärfamilie ist seit jeher genau jener, dem eigenen Mitglied Geborgenheit, Schutz und Loyalität zu bieten, ja sogar zu garantieren.

Welche Beratungsstrategie man als Familienmitglied in Partnerschaftsangelegenheiten eines Rat suchenden Familienmitglieds auch wählt. Im Grunde kann man nur Fehler machen, da es sich um eine Einmischung handelt in ein Terrain, auf dem man als nicht beteiligter parteiischer Interessenvertreter nichts verloren hat. In Abwesenheit des Partners, der nicht zur Kernfamilie gehört, in eben dieser Ursprungsfamilie über diesen zu sprechen, ist genau genommen ein No-Go! Gleichgültig, wie gut oder schlecht gemeint Ratschläge auch allzeit sein mögen. Der von Belastungen geplagte Beziehungsbeteiligte ist immer besser beraten, wenn er oder sie mit dem Problemauslöser persönlich einen Weg zur Kommunikation und Problemlösung sucht.

Traue dir und deinem Partner Problemlösekompetenz zu!

Die persönliche Konfrontierung als Konfliktlösungsstrategie ist unabhängig ihres möglichen Gelingens oder Misslingens nach wie vor die respektvollste aller Möglichkeiten der Konfliktbewältigung. Wenn es die Notwendigkeit für Entlastungsgespräche gibt, dann wie gesagt,

a) außerhalb deiner Primärfamilie,

b) auf gleicher Ebene im neutralen Freundeskreis oder gleich mit

c) einer allparteilichen, kompetenten und therapeutisch versierten, wohlwollenden Person, die euch neutral oder wenn Kinder mit Betroffene im

Konfliktfeld sind, aus deren Perspektive und Interessenslagen heraus vermittelnd begleitet.

Hast du es geschafft, deiner Pflanze namens Beziehung einen heiligen Raum in deinem Herzen, in deinen Wertigkeiten und Prioritäten zur Verfügung zu stellen, hast du schon Großes für dein eigenes Wohl, das Wohlergehen deiner Frau oder deines Mannes und vor allem für eine gesunde und glückliche Entwicklung eurer gemeinsamen Kinder geleistet!

Des Weiteren braucht eine Pflanze Erde, sprich Substanz, in die sie ihre Wurzeln hinein graben kann. Und genau diese Erde, diese Substanz ist das gesprochene und gelebte „JA!" zur Beziehung, die gesprochene und gelebte Entscheidung FÜR die Partnerin/FÜR den Partner. Mit einem autonomen, erwachsenen, dich klar für deine Partnerschaftswahl deklarierenden Handeln auch entgegen oppositionellen Haltungen und Bewertungen aus deiner Ursprungsfamilie gibst du deiner Beziehung eben diese Substanz. Ein glasklar geäußertes „Vielleicht!" oder subtil vor sich hin gelebtes „JEIN!" lassen die Wurzeln noch bevor sie sich in die Substanz fruchtbringend verwachsen können, absterben.

In einer substanziellen und tragfähigen Beziehung gibt es auch Raum für Konflikte. Jeder Partner hat Sorge dafür zu tragen, seine Konfliktfähigkeit auszuweiten, um sich wirklich offen und ehrlich mit seinem Gegenüber auseinanderzusetzen. Auch und gerade dann, wenn es nicht so gut läuft. Das Lernen von Standhaftigkeit und Konfliktfähigkeit ist die einzige Alternative zum Weglaufen. Ein sich Totstellen hilft auch nicht weiter.

Außerdem braucht eine Pflanze Wasser, um sich nähren und wachsen zu können. Das Element Wasser steht im

Zusammenhang mit deiner Beziehung archetypisch für das Gefühl, für die Geborgenheit, die Ruhe, die Stille, die weibliche Weichheit und Kraft. Wasser steht metaphorisch für alles, was mit dem weiblichen Unterbewusstsein in Verbindung gebracht wird.

Ein Rückzugsraum für Ruhe, Stille und Geborgenheit, gemeinsame Unternehmungen, gegenseitiges Interesse, wertschätzende Kommunikation und noch vieles mehr stehen für die weiblich konnotierte, also die achtsame und mitfühlende Nahrung für eine Beziehung und deren Beteiligte. Ein Nachfühlen oder noch besser, gemeinsame reflexive Gespräche darüber, was Partner und Beziehung aktuell brauchen, zählen zu den besten Beseelungsmethoden einer wieder oder neu zu belebenden Partnerschaft. Als präventive Maßnahmen können diese Düngestrategien umgesetzt, wahre Wunder bewirken.

Auch braucht die Pflanze Luft zum Atmen und eine große oder geringere Menge an Sonnenlicht. Diese Elemente stehen energetisch für die männlich konnotierten Ingredienzen eures Liebeslebens: für wärmende Liebe, Sexualität, prickelnde Erotik, Lust, Leidenschaft und Abenteuer. Prüfe rechtzeitig und am besten regelmäßig, ob deine Partnerschaft möglicherweise unter einem „Abenteuerdefizitsyndrom" leiden könnte. Und wenn ja, hast du oder vielmehr: haben beide Beziehungsbeteiligte Handlungsbedarf. Glücklicherweise gibt es viele Möglichkeiten, Defizite solcher Art wieder auszugleichen.

Schlussendlich braucht eine Pflanze hin und wieder noch biologischen oder chemischen Dünger. Für dein Beziehungsleben bedeutet dieses Bild, dass Überraschungen und Abwechslung den Beziehungsalltag beleben können. Sorge achtsam dafür, dass es weder dir mit deinem Partner noch deinem Herzensmenschen langweilig mit dir beziehungsweise in eurer Partnerschaft wird. Sei unberechenbar im konstruktiven, positiven Sinn!

Eine kleine Aufmerksamkeit ab und an schadet dir nicht und deinem Partner, deiner Partnerin auch nicht. Hier hinein sind Kleinigkeiten wie eine romantisch aufbereitete Badewanne, ein Überraschungspicknick im Garten, Park oder an einem See, Blümchen, ein Paket Pralinen, edle Trockenfrüchte oder einfach einmal eine simple Schoki zwischendurch zu zählen. Bitte lasse deiner Fantasie freien Lauf. Freude ist eine der nahrhaftesten Gefühlsemotionen sowohl für Beziehungen als auch für euren Organismus. Meistens scheitern Beziehungen nicht an „Großigkeiten", sondern an der Summe der übersehenen Kleinigkeiten. Gib immer ein bisschen mehr, als man/frau von dir erwartet, und das frei von Hintergedanken, freudvoll und von Herzen! Das ist ein sicherer Weg für dich, in den Augen deines Mannes oder deiner Frau interessant, attraktiv und sexy zu bleiben. Bleibt ihr beide für euch ansprechend und sexy, schafft ihr es, Freude und Dankbarkeit füreinander aufrecht zu halten. Diese wohltuende Gefühlsatmosphäre überträgt sich auch auf euren Nachwuchs. Durch nette Überraschungen bleibt euer gesamtes Familienleben für alle Beteiligten lustiger, humorvoller, leichter und aufregender, als wenn du es zulässt, dass eine Alltagsroutine und deren Trott euch vereinnahmen.

Dein Partner, deine Partnerin wünscht sich, mit dir Wesentlichkeit zu erleben, Wachstum zu leben.

Einem Zustand der Einsamkeit in einer Beziehung will jeder aus dem Weg gehen. Manche Menschen können mit dem Alleinsein gut umgehen. Vor allem dann, wenn sie gelernt haben, sich selbst zu schätzen und zu lieben. Dennoch bleibt das Gefühl der Einsamkeit eine Herausforderung. Man ist sich selbst ausgeliefert, auf sich selbst zurückgeworfen und muss sich selbst aushalten (lernen). Insoweit ist das unangenehme, häufig von Trauer und Traurigkeit begleitete Gefühl der Einsamkeit eine gute Schule für Persönlichkeitsentwicklung. Einsame Phasen, die man ab und an durchwandern muss, formen und stärken das Selbst für das gesamte weitere Leben. Wenn man daraus lernt, was zu lernen ist, schöpft, was zu schöpfen ist, sind solche Phasen wahre Kraftquellen. Zu toppen ist die harte Schule einsamer Lebensphasen in ihrer Intensität nur durch das nagende Gefühl von Einsamkeit in einer Partnerschaft. Wie traurig, enttäuscht, allein gelassen und auf sich selbst zurückgeworfen man sich in einer Beziehung fühlen kann, wenn der Partner zwar physisch anwesend, mental-geistig aber auf einem anderen Planeten unterwegs ist, ist kaum zu beschreiben. Der oder die Betroffene wird dazu gezwungen, die Sinnhaftigkeit der Beziehung, in der er oder sie sich befindet, infrage zu stellen, weil: „Besser allein allein, als zu zweit allein!".

Jede Fallschirmfrage kann einerseits für präventive Zwecke dienlich sein und andererseits deine belastete Beziehung zum Positiven drehen und retten.

Fallschirmfrage 2

Was braucht die Beziehung selbst, um wieder wachsen und gedeihen zu können?

Lass dich von der Pflanzenmetapher inspirieren! Betrachte deine Beziehung als Wesenheit, als Pflanze! Eine Pflanze und ebenso eine Beziehung und/oder Partnerschaft brauchen Pflege und Zuwendung von derjenigen Person, die sich entschieden hat, sich eine Pflanze zuzulegen oder sich in eine Beziehung zu begeben. Und nun sind wir wieder beim Thema Selbstverantwortung angelangt.

Du entscheidest!

Was braucht deine Pflanze? Was benötigt deine Beziehung? Womit ist ihr gedient? Was stärkt, nährt und lässt sie gedeihen? Braucht sie neue Substanz, einen neuen Platz oder überhaupt erstmals einen geschützten Raum? Musst du deine Beziehung vielleicht vor möglichen Einflüssen oder Beeinflussungen der Außenwelt schützen?

Aus vielen Pflanzen lassen sich Ableger, umgangssprachlich bezeichnet als „Pelzer“, ziehen. Diese Ableger oder Pelzer müssen nur eine Zeit lang im Wasser baden, um Wurzeln zu bilden, die man dann in Erde setzen kann. Mit der Zeit können aus diesen „Pelzern“ wiederum prächtige Pflanzen entstehen. Lass auch dieses Bild auf dich wirken! Es dient dir, wenn du überlegst, in eine neue Partnerschaft zu gehen oder falls du dich schon für eine neue Beziehung entschieden hast. In einem Ableger, einem „Pelzer“, versteckt sich das gesamte genetische und energetische Potenzial der alten Pflanze. Auch in deiner neuen Beziehung versteckt sich das Potenzial deiner alten, im Konstruktiven wie im Destruktiven. Schließlich nimmst du dich selbst, also dein gesamtes Potenzial ebenso wie deine Lernaufgaben in jegliche Beziehung mit. Dieses Bild dient dir auch, wenn du darüber nachdenkst, wie dein Kind deine Kinder aufwachsen sollen. Welche Beziehungsqualität, welches Beziehungsfeld willst du deinem Partner, deiner Partnerin oder deinen Kindern als Vorbild und Nahrung für deren künftige Partnerschaften und Beziehungsgestaltungen anbieten?

Die „Pelzer-Metapher" hilft dir bei folgenden Fragen:

- Hast du die Lernaufgaben aus deiner alten Beziehung schon gelöst?
- Hast du schon über mögliche Fehler, die dir selbst unterlaufen sind, reflektiert?

Fehler beim Anderen zu suchen ist leicht, bringt dich aber nicht weiter. Zwar wirst du bei deiner Fehlersuche beim Partner oder der Ex-Partnerin schnell fündig werden, lernst aber für dich selbst bezüglich deiner Person und deines Verhaltens nichts dazu! Was dich sehr wohl weiter bringt, ist, deine Aufmerksamkeit auf dich selbst zu lenken und auf die Suche zu gehen nach dem eigenen inneren Teufelchen, nach eigenen destruktiven Verhaltensmustern sowie weiterführend dir die folgenden Fragen zu stellen:

- Wo gibt es Verbesserungspotenzial in Deinen eigenen Handlungsstrategien?
- Welche Fehler, die dir in der „alten" Beziehung unterlaufen sind, willst du in der neuen vermeiden?
- Was kannst,/musst du präventiv tun, um nicht wieder in die gleichen Verhaltensmuster zu rutschen,

die schon in der alten Beziehung hinderlich für deren Wachstum waren?

Die Pelzer der alten Pflanze bilden die Basis für das neue Gewächs! Sie sind die Grundlage für die Wachstums- und Entwicklungschancen der neuen Pflanze. Vergiss nicht die weiteren entscheidenden Einflussfaktoren zu beachten. Und das sind die, wie du die neue Pflanze pflegst, düngst, wässerst, mit ihr sprichst, welche Erde du zur Verfügung stellst, welches Gefäß und welchen – je nach Bedarf mehr oder weniger – lichtvollen Raum du ihr gibst.

Ein neuer Pflanzenwachstumskreislauf beginnt. Zwar auf einer neuen Stufe, jedoch mit identen Wesenselementen der alten Pflanze. Auf dein Zutun, auf deine Pflege kommt es an! Klar ist es für die Pflanze auch wichtig, wie sie von deinem Partner, deiner Partnerin behandelt wird. Aber aus deiner Sicht kann dies nur von sekundärer Bedeutung sein! Es ist deine Pflanze, für die DU DICH entschieden hast. Auch in einer neuen Partnerschaft setzt du einen neuen Beziehungswachstumskreislauf in Gang, der dich und deine Partnerin/deinen Partner auf einen neuen Bewusstseinslevel bringen will und dies kurz-, mittel- oder langfristig auch tut. Dabei handelt es sich nur um eine Frage der Zeit. Ob es sich bei dieser neuen Partnerschaft um einen weiteren Partnerschaftsanlauf mit deinem „alten" Gefährten handelt oder du dich in einer Partnerschaft mit einer neuen Person an deiner Seite befindest, spielt in deinem Lern- und Persönlichkeitsentwicklungsprozess nur eine untergeordnete Rolle. Die Wesenheit Beziehung, Partnerschaft will sich entwickeln und wachsen und zwingt euch beide dazu, euch zu entwickeln und ebenfalls zu gedeihen. Du nimmst dich in die neue Beziehung mit und kannst nur dich selbst verändern, nur an dir selbst arbeiten.

Und genau das ist das wunderbare Potenzial, das du der Wesenheit, Beziehung, deinem Gegenüber und in deiner elterlichen Vorbildfunktion deinen Kindern bieten kannst.

Sobald Kinder auf die Welt kommen, darfst du dir deine Beziehung als Pflanze vorstellen, die Blüten hat. Eine Pflanze mit Blüten braucht eine andere und meistens auch intensivere Pflege als eine Grünpflanze oder ein Kaktus. Dafür schenkt sie dir aber auch mehr Freude und möglicherweise auch einen wundervollen Duft, der euren gesamten Beziehungsraum liebevoll bereichert.

Die drei Fallschirmfragen sind essenzielle Fragen, die du dir regelmäßig stellen kannst, um deine Beziehung wieder oder gar überhaupt erstmals auf eine gesunde Basis zu stellen. Die dritte davon verbirgt sich in deinem vergangenen oder aktuellen Umgang mit deinem Partner/deiner Partnerin und lautet:

Fallschirmfrage 3

Was kann ich tun, damit es meinen Partner/ Partnerin in der Beziehung selbst und mit mir wieder besser gehen kann?

Die erste Antwort auf diese Frage lautet: Bleib erst mal stehen! Schau dich um. Denke nach. Fühle dich in die aktuelle Lage der Beziehung und in die deines Partners ein! Lass erst mal wirken, was vor deinem inneren Auge so auftaucht, was du wahrnimmst. Bleib erstmal hier, komm zu dir und sei präsent!

Die erste Phase einer Beziehung nenne ich die Neugier- oder auch Verliebtheitsphase. Diese wird genossen und ausgekostet. Von beiden Beteiligten. Das Gegenüber wird regelrecht aufgesaugt. Alles ist neu, interessant und spannend. Die rosarote Brille sitzt fest und gut auf der Nase. Man/frau glaubt meistens, den Partner fürs Leben gefunden zu haben.

Sobald die ersten Reibungsflächen auftauchen (‚die auftauchen müssen!), entsteht Konfliktpotenzial. Die ersten Konflikte werden noch unter den Teppich gekehrt. Sie bleiben verborgen unter der Oberfläche unter der Decke der „Toleranz“. Sie sind nicht weg, die latenten Konflikt*erln* (österreichischer Ausdruck für kleine Konflikte) und nervenden Disharmonien. Nur versteckt. Da sie aber noch nicht ans Tageslicht kommen dürfen, intensiviert sich die Konfliktdynamik. Diese erreicht mit zunehmender Zeit eine neue Dimension, eine tiefere Intensität.

Mann/Frau glaubt im Gegenüber die Ursache für eigenes Unwohlsein, für unangenehme Befindlichkeiten zu entdecken. Jetzt gibt es eine Weggabelung mit zwei unterschiedlichen Richtungsmöglichkeiten. Die bequeme erste belässt dich in der Illusion, das Handeln des Gegenübers als die Ursache für dein Bauchweh zu betrachten. Du bist aus dem Schneider. Die andere, unbequeme Richtung weist dich auf den Weg, herauszufinden, welche deiner Handlungsmuster dich mit deinem Gegenüber an diese Konflikt-Kreuzung gebracht haben. Diese erste Konflikt-Kreuzung, ein Angebot von mehreren weiteren Straßenverläufen mit ähnlichen Verläufen, ist ein Indiz dafür, dass du nun in die zweite Beziehungsphase eingetreten bist.

Bei der zweiten Beziehungsphase handelt es sich um die Selbstverantwortungsphase, um die Commitment-Phase. Jetzt beginnen die Prüfungen, die dich in deiner Fähigkeit testen, inwieweit du es selbst schaffst, zu deinen Träumen, die du mit dieser – deiner – Partnerwahl verbunden hast, zu stehen. In dieser Phase wird dein anfängliches JA zu der Person, die sich aktuell an deiner Seite befindet, immer wieder geprüft.

Die Pflanze beginnt für ihr Wachstum und für ihre Pracht Nahrung zu brauchen. Die Beziehung fordert nach deinen wörtlich kundgegebenen Schwärmereien, sozusagen im Anschluss daran, dein GELEBTES JA zu ihr und zu deiner Partnerwahl. Sie fragt dich:

- Schaffst du es, stehen zu bleiben und zu beweisen, dass du es schaffst, mit deinem Partner auch mal einen Streit durchzustehen, aus dem beide gestärkt hervorgehen?
- Oder kratzt du nun die Kurve und bist auf nimmer Wiedersehen die Wolke?

- Verabschiedest du dich innerlich und verkriechst dich in die Haltung eines gekränkten, „gebrannten" Kindes?
- Oder gewinnt möglicherweise dein narzisstisches, nach Anerkennung und Bestätigung bedürftiges inneres Kind mit seiner illusorischen Überzeugung: „beim nächsten Partner wird alles besser!" die Oberhand?

In dieser Phase der Selbstverantwortungsprüfungen verbergen sich nun deine unbequemen, andererseits zugleich sehr gehaltvollen und erbauenden Lernaufgaben. Nun geht es um das emotionale und spirituelle Zusammenwachsen von euch beiden als eigenständige erwachsene Persönlichkeiten. Ein physisches Zusammenwachsen, ein physisches Verschmelzen von Mann und Frau passiert erst durch die Vereinigung der männlichen Samenzelle mit der weiblichen Eizelle während der Zeugung eines Kindes. Jetzt geht es um das Finden von konstruktiven Kommunikationsstrategien. Es geht um das Ausverhandeln gemeinsamer Ziele und Regeln, um die Entwicklung von Konfliktfähigkeit sowie um gemeinsames Definieren von Glück, Beziehung und Loyalität.

Sich in Honeymoon-Phasen, sprich in Verliebtheitsphasen zum Partner/zur Partnerin zu bekennen, ist leicht. Allerdings hat dies nicht viel mit Loyalität zu tun. Loyalität, einfach übersetzt bedeutet, das Ja zum Gegenüber einerseits auszusprechen. Das geht mündlich, also wörtlich oder in weiterer Folge schriftlich in Kirche und Standesamt. Andererseits gilt es, diese wie immer getätigte Äußerung auch ins Leben zu bringen, seinen wie immer getätigten bejahenden Ausdruck konkludent, also unausgesprochen auch zu leben. Das Ja zum Gegenüber muss in Haltung übergehen, gelebte Grundhaltung werden. Wort und Handlung, Worte und Taten müssen übereinstimmen. Gerade Konflikte mit dem Partner der Partnerin prüfen deine Fähigkeiten in Fragen der Loyalität.

Ob du also zu Loyalität fähig bist, ob ihr beide dazu in der Lage seid, wechselseitig Loyalität aufzubringen, stellt sich erst in Lernphasen heraus, die dir und euch durchaus häufig vom Leben geboten werden. Diese Lernphasen prüfen auch deine Fähigkeit zur Selbstverantwortung, die dem Wert Loyalität innewohnt. Schaffst du es in Situationen, in denen deine Meinung eine andere ist als die deines Partners, in denen du ihm oder ihr möglicherweise sogar grollst, dennoch für diese Person anwesend und loyal zu bleiben, hast du schon einen großen Schritt in Richtung des Ziels, eine erfolgreiche, dauerhafte, nachhaltige und reichhaltige Partnerschaft zu leben, gemeistert. Haken der Geschichte: Diese zweite Phase taucht immer wieder auf. Prüfungsphasen stärken dich in deiner Persönlichkeit und können auch deine Beziehung und deren Zusammenhalt stärken, wenn du bereit bist und ihr beide die grundsätzliche Willensübereinkunft teilt, diese Abschnitte zu durchlaufen.

Die Henkersfrage für jegliche Beziehungsgesundheit

Wunderst du dich nun möglicherweise, weil eine bestimmte, dir bekannte Frage fehlt? Erscheint es dir unlogisch, dass die Frage der Fragen hier noch gar nicht vorgekommen ist? Hast du diese Grundfrage, die sich so ziemlich alle Menschen in ihren Partnerschaften und Beziehungen immer wieder stellen, überlesen oder wurde sie in diesen Zeilen vergessen?

Die gute Nachricht: Du hast sie weder überlesen noch wurde sie vergessen. Die schlechte Nachricht lautet: Die Frage der Fragen, die sich alle Menschen, die jemals in einer Partnerschaft gelebt haben oder leben, mindestens einmal im Leben, meistens über die gesamte Dauer ihrer Beziehungen hindurch, sogar während aller Beziehungen und Partnerschaften immer wieder stellen, ist die Henkersfrage jeder gesunden Beziehungsdynamik!

Diese Henkersfrage birgt die Weigerung in sich, Verantwortung zu übernehmen. Sie untergräbt deine eigene Größe und verhindert die Übernahme von Selbstverantwortung für dich, dein Leben, deine Beziehungen und deine Partnerschaft. Sie ermöglicht dir,

- dich in unausgesprochenen, verborgenen Erwartungen zu baden und
- die Schuld für unliebsame Situationen und nicht zufriedenstellende Befindlichkeiten im Außen zu suchen.

Die Henkersfrage macht dich zum „gebrannten Kind" und hält dich so im Opferstatus gefangen. Als Draufgabe ist in dieser Frage zugleich die Entmündigung deines Partners, deiner Partnerin versteckt. Stellst du dir diese Frage heimlich, vervielfachen sich die daraus resultierenden Negativkonsequenzen. In diesem Fall hat dein Gegenüber überhaupt keine Handlungsmöglichkeiten mehr. Nicht einmal dann, wenn es noch so willig ist, Fleißaufgaben zu vollbringen.

Selbst die konstruktivste und großzügigste Grundhaltung hilft ihm oder ihr nicht weiter, wenn du deine Befindlichkeiten und Wünsche verschweigst. Wie denn auch, wenn dein Gegenüber nicht weiß, was in dir vorgeht? Teilst du dich ihm oder ihr nicht mit, kann er oder sie nichts tun, um dein Wohlbefinden in eurer Beziehung, Partnerschaft oder Ehe positiv zu beeinflussen.

Jetzt sagst du möglicherweise: „Wenn mein Partner mich wirklich lieben würde, würde er oder sie wissen, was in mir vorgeht!" Irrtum! Mit dieser romantischen Killerphrase – wieder und wieder schmachtend wiedergedroschen in X Liebesfilmen und Kitschromanen – murkst du selbst deine

Beziehung ab, indem du deinen liebsten Lebensmenschen entmündigst. Du denkst für dein Gegenüber mit. Du denkst stellvertretend für sie oder ihn. Du setzt voraus, was dein Gegenüber zu wissen und wie es dementsprechend zu handeln hätte. Hättest du selbst übersinnliche Qualitäten solcher Art, entstünden Beziehungsprobleme oder Konflikte mannigfaltiger Natur erst gar nicht. Weder Eigenschaften eines überdurchschnittlichen Einfühlungsvermögens noch Fähigkeiten, Gedanken lesen zu können, sind als selbstverständlich vorauszusetzen. Eine Redewendung bringt sehr direkt und treffend eine der konstruktivsten Beziehungsregeln auf den Punkt: „Erwarten kann man sich ein Kind und das maximal neun Monate lang!“ Jegliche sonstigen Erwartungen kann man sich schenken ..., denn:

Erwartungen bergen unausgesprochene Forderungen an das Gegenüber, die es überfordern. Nicht ausgesprochene Forderungen sind außerdem ungerechtfertigt und führen auf direktem Weg in Beziehungsfrust.

Gelingt es dir, in deiner Beziehung nichts als selbstverständlich zu werten, schaffst du es, alles als Geschenk zu sehen. Das größte Geschenk ist die Person deiner oder deines Geliebten selbst. Das zweitgrößte Geschenk ist seine oder ihre Entscheidung, ein Stück seines oder ihres Weges mit dir zu teilen, dich zu begleiten und mit dir gemeinsam zu gehen und zu wachsen. Je mehr du dir des Luxus dieser Geschenke bewusst bist, desto dankbarer bist du für alles, was du durch deinen Partner lernen, schöpfen und erfahren kannst. Dankbarkeit ist eine Grundvoraussetzung für Freude.

Nicht die Glücklichen sind dankbar. Es sind die Dankbaren, die glücklich sind.

(Francis Bacon)

Dankbarkeit und Freude sind Bestandteile von Liebe. Mit einer konstruktiven, demütigen und hingebungsvollen Grundhaltung potenzierst du die Qualität dieser Lebenswerte für dich, für deine Beziehung und dein Gegenüber enorm.

Die vierte und zugleich verbotene Frage lautet und ist somit die Henkersfrage für jegliche Beziehungsgesundheit:

Was kann mein Partner machen, was hat er oder sie zu tun, damit es mir in unserer Beziehung besser geht?

Diese Frage wird an dieser Stelle deshalb „Henkersfrage" genannt, weil sie dir die Möglichkeit gibt, eine sehr bequeme und passive Haltung einzunehmen, die zugleich in ihrer Wirkung von vornherein viel, wenn nicht sogar gleich alles kaputt macht. Der Henkersjob ist kein Job wie jeder andere. Er verlangt keine Teamfähigkeit, keine Fähigkeit zur Empathie, kein Commitment. Der Henker ist seit jeher in jeglichen Kulturen jeglicher Selbstverantwortung und Selbstreflexion enthoben. Er ist nur ein ausführendes Organ. Die Person und allenfalls individuelle Fähigkeiten und Talente sind unwichtig. Allerdings erledigt der Henker eine gruselige, grauenvolle Aufgabe.

Er ist Vollzugsorgan eines richterlichen Todesurteils. Der Verurteilte, die zu Tode Geweihte hat nicht einmal mehr die Möglichkeit, begangene Vergehen wieder gut zu machen. Das Leben ist verwirkt.

Indem du einmal mehr, einmal weniger beklagst, was denn nicht alles dein Partner oder deine Partnerin hätte besser machen können, erhebst du dich zum Richter und Henker in einem. Zum Richter kürst du dich, weil du dich durch dein Urteil über deinen Partner erhebst. Du gehst davon aus, dass deine Erkenntnisse frei von falschen Bildern und Sichtweisen sind. Du wähnst dich in einer unfehlbaren Position frei von Täuschung und Selbsttäuschung.

Diese Positionierung ist jedoch nur eine vermeintliche. Sie ist sehr instabil, weil trügerisch. Dir entgeht dabei, wie mächtig du mit dieser Anklage-Urteils-Haltung dein

Gegenüber machst. Die Macht und Verantwortung für das Gelingen oder Misslingen deiner Beziehung legst du von dir ab in die ausschließliche Verantwortungssphäre deines Partners:

- „Hätte er nur dieses, hätte sie nur jenes ... getan oder unterlassen, dann wäre dieses oder jenes anders verlaufen, nicht passiert ...“
- „Von einem Menschen, der mich liebt und kennt, kann man doch verlangen, dass er oder sie dieses oder das oder jenes tut, macht, unterlässt, mitbedenkt ....“
- „Dies oder jenes ist doch das Mindeste, was man sich erwarten kann, oder?“
- „Ist das zu viel verlangt?“

So oder mit ähnlichen subtilen, innerlich ausgesprochenen Feststellungen sprichst du dich selbst von jeglicher Verantwortung frei. Spätestens wenn dir etwas einfällt, das du selbst hättest anders machen können, kommt dir das Wortpaar „Ja, aber ...“ in den Sinn!

Sobald du Antworten parat hast, die mit den Worten „Wenn er oder sie hätte, ...“ beginnen und in die Richtung „dann wäre dieses oder jenes nicht passiert“ tendieren, begibst dich schnurstracks in die Position eines Opfers, dem übel mitgespielt wurde und das sich in der Rolle des gebrannten Kindes ausruhen und seine Wunden lecken darf.

„Hätt i tät i, wär i ...!“ Oder anders und auf Deutsch ausgedrückt: „Hätte er, täte sie, wäre ich ...!“ – Das Opfer schwingt die Keule. Alles wäre gut, würde sich nur endlich deine Partnerin, dein Partner ändern! Du schließlich hast alles dir Mögliche getan, um es deinem Gegenüber recht zu machen. Dieses und jenes wäre nicht passiert, hätte er oder sie nur so und nicht anders gehandelt. Wenn nur das Wörtchen „wenn“ nicht wäre! Die Beziehung ist zwar immer noch kaputt, aber wenigstens hast du recht! Indem es dir jedoch wichtiger ist, recht zu haben, anstatt deine Beziehung zu retten, machst du dich mit der verbotenen Frage „was kann dein Partner machen, damit es dir in der Beziehung besser geht?“ frei von jeglicher Verantwortung dir selbst, deinem Partner und der Beziehung gegenüber. Innerlich begibst du dich in Totenstarre, streckst alle Viere von dir und verharrst in Handlungsunfähigkeit und Bewegungslosigkeit. Was du dabei übersiehst, ist dein gelebtes und vielleicht sogar schon ausgesprochenes NEIN gegenüber der Beziehung und dem daran beteiligten Gegenüber. Wenn du recht haben willst, verlagerst du dein Ziel weg von der Beziehung eben auf das Rechthaben-Wollen. Die Priorität müsste aber auf deiner getroffenen Entscheidung für die Beziehung und das Gegenüber liegen. Stattdessen begibst du dich in die Rolle des Henkers, der die energetischen oder metaphorischen Todesurteile deines inneren Richters sowohl an der Beziehung als auch am Partner und an dir selbst vollzieht.

Dir sehr nahestehende Personen entsprechen gerne deinem Bedürfnis nach Trost und Bestätigung. Häufig sprechen sie genau das aus, was du hören willst, weil du es dir innerlich selbst vorsprichst. Deine inneren Denkinstanzen, – in diesem Fall dein innerer Richter mit dem Henker – führen rege Gespräche, dem verletzten Stolz muss schließlich Genüge getan werden. Hinzu kommt, dass du durch deine persönlich eingefärbte Sicht der Dinge und durch deine Art und Weise, diese zu erzählen, bewusst oder unbewusst dazu neigst, zu deinen Gunsten zu manipulieren. Auf diese Weise machst du deine Helfer, ohne dass diese bemerken wie ihnen geschieht, zu deinen Anwälten und sonstigen Interessensvertretern.

Niemand kann gewinnen

Niemand kann gewinnen: Du nicht, weil deine Rolle gleich kraftlos bleibt wie gehabt. Dein „Gegner“, deine „Gegnerin“ nicht, weil dieses Gegenüber nur noch massiver gegen dich auftreten muss. Dieses drückt Kräfte, die du nicht offiziell lebst, die du unterdrückst oder verdreht, subtil ausdrückst, stellvertretend für dich aus. Und wissen, was du brauchst, was du gern hättest, wo der Schuh dich wirklich drückt, kann es dein Adressat,/die Adressatin immer noch nicht. Schließlich hast du in Erwartungshaltung verharrt, statt dich mitzuteilen. Er oder sie „kennt“ dich ja und hätte dieses oder jenes wissen müssen. Stolz ist kein guter Ratgeber für den Erhalt einer liebevollen Partnerschaft und Erwartung schon gar nicht.

Sobald Kinder mit im Spiel sind, verschärfen sich die Negativfolgen solcher nonverbaler Erwartungshaltungen sowohl für den Beziehungs- als auch für den Gesamtfamilienzusammenhalt. Je klarer du mit dem zweiten Elternteil und mit deinen Kindern sprichst, desto mehr Orientierungsmöglichkeiten gibst du allen an deinem Familiensystem Beteiligten. Das Gebiet der Telepathie zählt bis heute nicht in die Schulunterrichtsfächer, weshalb es ratsam und fair ist, dich, deine Bedürfnisse, Wünsche und Anliegen offenzulegen und auch den anderen diese Möglichkeit zu geben.

Hüte dich davor, Menschen zu deinen Interessenvertretern zu machen, dies erst recht bitte und unbedingt, wenn es um deine Kinder geht. Kinder müssen die Freiheit und Erlaubnis behalten dürfen, beide Elternteile zu lieben, unabhängig davon, welchen Clinch ihr auf Erwachsenenebene gerade austragt. Warum das so wichtig ist und was alles passieren kann, wenn du ihnen dieses Recht nimmst, erfährst du im Elterncoaching.

Wie schon gesagt: Hinterfrage diejenigen Personen, die dir scheinbar Recht geben und deine Partei ergreifen. Das geht zumeist auf Kosten deines Partners. Kostbarer für dein inneres Gleichgewicht und dein seelisch-emotionales Wachstum ist die andere, die anstrengendere, aber ehrlichere Kategorie von Menschen. Rückmeldungen, die dich zum Hinterfragen deiner eigenen Person und „Wirklichkeiten" einladen, sind wahre Schätze für das Gelingen deiner Beziehungen mit deinem Partner und auch mit anderen Personen deines Umfelds.

Trotz intensiver Unterstützungsleistungen war Herr Simonuti nicht dazu zu bewegen, seinen eigenen Beitrag zum schädigenden Verhalten seines Sohnes zu erkennen. Jegliche Wohnexperimente gingen schief. Auch Besuchswochenenden verliefen nicht termingerecht, so wie sie mit der Kindesmutter und Simon vereinbart waren. Immer wieder musste die Kindesmutter ihre eigenen Wünsche hintanstellen, wollte sie, dass Simon den Vater in relativ kürzeren Abständen genießen konnte. Sie gönnte dem Sohn seinen Vater und gönnte auch dem Vater dessen Sohn. Simon kämpfte seinen desillusionierenden Kampf, vom Vater auf- und angenommen zu werden, diesen dazu zu bringen, Wort zu halten, bis zur bitteren Neige. Der Junge legte dabei ein bewundernswertes Durchhaltevermögen, eine unglaubliche Beharrlichkeit an den Tag. Angedacht und versprochen vonseiten Herrn Simonutis war, dass Simon nach Realisation eines bestimmten Vorhabens zu ihm und seiner neuen Lebensgefährtin ziehen könne. Auch dazu kam es nicht. Genauso wenig, wie es später dazu kam, dass der Bub beruflich seinen mit beiden Eltern abgesprochenen Karriereambitionen nachkommen konnte. Der Kindesvater zog seine Zusagen immer wieder im letzten Moment zurück.

Dennoch konnte sich das Familiensystem mithilfe der Begleitung im Laufe der Zeit beruhigen. Wie war das möglich? Für Simon war es am Ende seines schmerzhaften Weges doch befreiend zu erkennen und anzuerkennen: Sein Vater war, wie er war. Die Enttäuschungen über nicht eingehaltene Zusagen und der daraus resultierende notwendige Verzicht auf das Verfolgen ursprünglich gesetzter Ziele, bedeuteten für den Jungen auch das Ende der Täuschung. Ein Ende der Täuschung hat üblicherweise auch eine wohltuende, oft sogar erleichternde Wirkung. Das Bild, das sich Simon von seinem Papa zurecht gezimmert hatte, und dem sein Vater nicht entsprechen konnte, hatte ausgedient. Auch seine Mutter lernte Simon im richtigen Licht zu sehen. Gab er ihr lange Zeit die Schuld an der Trennung und am Verlust seines Vaters, erkannte der Jugendliche im Laufe der Zeit, dass er von mütterlicher Seite umfassend unterstützt wurde. Die begleitende Unterstützung für Simon bedeutete für seine Mutter, Mitgefühl und Trost für ihre wirklich herausfordernden Lebensverhältnisse zu erhalten. Sie erzielte durch ihre konstruktive Mitarbeit viele Sicht- und Perspektivenwechsel. Die veränderte Sichtweise ermöglichte es ihr zwar mit starkem Bauchweh, aber dennoch ihren Sohn in dessen Wunsch und Entscheidung zu unterstützen, beim Vater zu leben. Für die Karriereambitionen ihres Sohnes investierte die Kindesmutter ohnehin alles, was ihr möglich war, an Energie und Geld aufzubringen. Auch von seinen Großeltern wurde Simon in seinen ehrgeizigen Plänen jederzeit unterstützt.

Frau Simonuti erfuhr durch die Begleitung auch ausführliche Selbstwertstärkung. An einer umfassenden Verbesserung ihrer Kommunikationsmuster gegenüber Simon und ihrem Ex-Gatten trainierte die Frau fleißig. Diese zu transformieren war nicht so einfach, hatten sich doch auch so mancher aggressive und laute Ton sowie regelmäßige verächtliche Abwertungen gegenüber Simons Vater schon in ihren Sprachgebrauch eingeschlichen.

Auch Frau Simonuti erkannte mit der Zeit das Ergebnis an, an dem auch mit umfangreicher Unterstützung nicht zu rütteln war: Ihr Ex-Gatte war, wie er war. Sie konnte bei ihm auf keine Verhaltensänderung hoffen, auch nicht zugunsten der gemeinsamen Kinder. Was ihr aber möglich war, um dafür zu sorgen, dass es sowohl Simon als auch ihr in jeder Hinsicht besser ging, war ihr eigenes Verhalten zu ändern. Und das tat sie bravourös. Frau Simonuti lernte insgesamt ruhiger, gelassener und wertschätzender in ihrer Kommunikation zu werden. Sie lernte auch, sich besser abzugrenzen, was es ihr ermöglichte, die vereinbarten Termine unabhängig von einem mehr oder weniger verlässlichen väterlichen Verhalten durchzuziehen. Das führte dazu, dass Herr Simonuti seinerseits in vermehrten Handlungsbedarf kam und es nunmehr in seinem Verantwortungsbereich lag, diesen zu befriedigen. Die Last, alles organisieren zu müssen, um in Papas Terminkalender zu passen, fiel von Mutter und Sohn ab. Das familiäre System durfte sich, dank des kindes-mütterlichen Kooperationswillens und ihrer beachtlichen Fähigkeit zur Persönlichkeitsentwicklung emotional deutlich entlasten und in einer neuen Lockerheit neu organisieren.

Also, liebe Mama! Genau, lieber Papa!

Der größte Schatz, den es gibt, bist du selbst!
Was gibt es Schöneres, als auf Schatzfindung zu gehen?

Lässt du nun die Inhalte dieser Zeilen auf dich wirken, verstehst du, dass nicht nur dein Partner oder deine Partnerin, sondern jeder Mensch, der dir über den Weg läuft, ein Geschenk für dich ist.

Insbesondere ich, dein Kind, wir eure euch liebenden Kinder! Warum?

Weil wir zu denjenigen Personen gehören, die einerseits ganz große Liebes- und Freudegefühle bei dir und euch auslösen, andererseits auch unglaublich viel Frust, Zorn, Enttäuschung und Groll, weil wir oft ganz anders tun und machen, als du oder ihr es gerne hättet. Verantwortlich für deine emotionalen Gefühlsemotionen bin ich als dein Kind, sind wir als eure Kinder aber dennoch nicht. Genauso wenig ist Mama verantwortlich für deine emotionalen Befindlichkeiten, lieber Papa und umgekehrt ist auch Papa nicht verantwortlich für deine Gefühlswelt, liebe Mama!

Dein Gegenüber, wurscht ob Partner, Freund oder Kind, mag durch sein Verhalten vielleicht Gefühlsemotionen bei dir auslösen. Fühlen und entscheiden, wie du damit umgehst, tust aber nach wie vor DU selbst. Ich als dein Kind, wir als eure Kinder haben uns zu dir und euch beiden auf die Welt gesellt, damit du dir und deinen Gefühlen näher kommst. Nimm deine Gefühle – egal ob gut oder schlecht – als Geschenk wahr. Genauso wie ihr ein Geschenk für mich seid, bin ich als euer Kind ein Geschenk für euch. Auch ist Mama ein Geschenk für dich, lieber Papa, beziehungsweise Papa ein Geschenk für dich, liebe Mama!

Deine Reaktionen auf deine Gefühlsemotionen, ausgelöst durch welche Ereignisse oder Verhaltensweisen auch immer sind und bleiben zu jeder Zeit deine Wahl, deine Lernaufgaben, deine Knochen-Jobs und liegen in deinem Verantwortungsbereich. Wenn ich groß und erwachsen bin, habe ich diese Lernaufgaben auch zu bewältigen. Bitte liebe Eltern, helft mir dabei! Seid gute Vorbilder und Wegbereiter für mein Erwachsenenleben.

Je mehr du dich von einer Person positiv oder negativ getriggert fühlst, desto mehr ist sie dir Geschenk, desto mehr darfst du mit und an ihr wachsen, schöpfen und lernen. Je mehr dich eine Person dazu bringt, dich emotional zu engagieren, desto näher bringt diese dich deinem inneren Fühlen, Spüren, Wahrnehmen. Und diese Qualitäten wiederum führen dich zu deinem inneren Wesenskern, zu deinen Stärken, zu deiner wahren Größe.

Dieser Weg mag möglicherweise nicht der annehmlichste sein. Aber er ist der gehaltvollste und wachstumsreichste. Auf diesem wahren Erfolgsweg entdeckst und lernst du, den größten Schatz zu finden und zu lieben, den es gibt. Und dieser größte Schatz bist du selbst. Und dann komme unmittelbar danach ich, dein, euer Kind. Wenn es dir möglich ist, dich selbst wertzuschätzen und zu lieben, schaffst du es auch, mich und meine Mama/ meinen Papa liebe- und respektvoll zu behandeln.

Zwischendurch gibt es immer wieder Konflikte und Streitepisoden. Aber was solls? Man kann sich ja ausreden. Zu reden, sich auszusprechen hilft immer beim Durchwandern von tiefen Tälern.

Du entdeckst, dass du reichhaltig ausgestattet und beschenkt bist. Du merkst immer mehr, was es bedeutet, dich zum richtigen Zeitpunkt am richtigen Ort mit den richtigen Menschen und Chancen zu befinden. In diesem Sinne: Gib auch Gefühlsemotionen, Situationen und Menschen, die dir auf den ersten Eindruck unliebsam und schwierig erscheinen, eine Chance und nimm auch sie als bereicherndes Geschenk wahr! Diese herausfordernden Situationen, Gefühlsemotionen und Menschen bergen die größten Wachstumschancen für dich. Wäre der Weg des geringsten Widerstandes dein Weg, würden dir starke Lehrmeister und Prüfungssituationen nicht begegnen.

Das, was dir gerade geschieht, lieber Papa, ist kein Zufall. Was du gerade erlebst, liebe Mama, will dir etwas sagen. Kein Meister ist vom Himmel gefallen. Ein Meister wächst an seinen Herausforderungen! Das Leben will nichts Geringeres von dir als das Erreichen von persönlicher Meisterschaft! Brauchst du auf deinem wahren Erfolgsweg auf deinem Weg der Schatzfindung, der Fülle und des Wachstums Hilfe gönne und hole sie dir! Viel Freude und Erfolg dabei!

Von Herzen, namens und im Auftrag deines dich liebenden Kindes; eurer euch liebenden Kinder.

Isabel

Mag.ª phil. Isabel Ebner
als Kinderbotschafterin und Wahrnehmungspsychologin,
Wortführerin für liebende Kinder

Tipps für Scheidungseltern

Was aber nun tun, wenn die Trennung oder Scheidung anklopft und vor der Türe steht oder sie gar schon vollzogen ist? Ihr habt euch bemüht zusammenzubleiben. Schließlich sind Kinder im Spiel. Da trennt es sich nicht so leicht, wie wenn man kinderlos in einer Partnerschaft verbunden ist. Die ON-OFF-Beziehungsphase habt ihr schon hinter euch. So schwer es einem von euch beiden oder allen zweien auch fällt, am Auseinandergehen führt kein Weg mehr vorbei.

Wichtig ist für dich zu bedenken: Gleichgültig, ob du deiner „alten" Beziehung noch eine Chance gibst oder eine neue Partnerschaft beginnst, du bewegst dich in einer Übergangszeit. Auch eine ausgelaufene Zweierbeziehung will einen ehrwürdigen Platz in deinem Leben und in deinem Herzen einnehmen. Hier handelt es sich nicht um eine Pflanze, die du ausreißen kannst. Und wenn du sie doch ausgerissen hast, ist diese verwundete Pflanze nicht gleich tot. Sie lebt noch eine bestimmte Zeitdauer weiter.

Du entscheidest, wie du diese Wesenheit, diese Pflanze, deine Beziehung für deine Zukunft nutzen wirst. Du kannst sie lieblos in die Tonne schmeißen, im Sinne: „Vorbei ist vorbei! Du hast keine Existenzberechtigung mehr." Die Müllabfuhr wird die ausgerissene Pflanze im Sinne von Abfall entsorgen, so wie dein Mindset und dein neuer Alltag deine Erinnerungen, Erlebnisse negativer, aber auch positiver Art einfach verdrängen wird. Verdrängung, Verleugnung und Abspaltung der Vergangenheit sind Abwehrstrategien, zu denen du selbstverständlich in der Lage bist. Was du aber nicht kannst, ist die physische und sich energetisch auswirkende Existenz, kurz: die Energie der Pflanze, der Wesenheit Beziehung auszulöschen.

Du weißt nicht, wohin die Müllabfuhr die Pflanze bringt. Auf der Müllhalde oder wo auch immer wird sie zu Erde, zu Dünger, zu Humus oder wenn noch eine Wurzel von ihr überlebt, kann daraus sogar eine neue Pflanze wachsen. Mit deiner vergangenen Beziehung verhält es sich ähnlich. Schaffst du es nicht, diese zu ehren, daraus zu schöpfen und deren Gaben sowie Geschenke anzunehmen und als positives Potenzial zu nutzen, kann deine erloschene Beziehung energetisch als Leiche in deinem Unterbewusstsein destruktiv wirkend vor sich hin faulen. Dieses wird aber mit höchster Wahrscheinlichkeit mittel- und langfristig dafür sorgen, dass du diese prägenden Zeiten deiner Vergangenheit doch sinnbringend und bewusstseinserweiternd zu nutzen lernst.

Dein Unterbewusstsein wertet nämlich nicht. Dieses will nur dafür sorgen, dass du dafür sorgst, dass es dir gut geht und du wächst, reifst und gedeihst zu deinem Wohl und zum Wohl deiner dich umgebenden Lieben. Dein Unterbewusstsein bewahrt alle deine Erlebnisse unabhängig davon, wie du selbst sie bewertest, als Ressourcen für ein schönstmögliches und bereicherndes Leben für dich auf. Dafür sorgen, dass dein Leben von Freude und Leichtigkeit geprägt ist, ist eine Aufgabe, zu deren Übernahme dich dein Leben immer wieder aufs Neue einlädt. Freude und Leichtigkeit vertragen sich nicht besonders gut mit einem Hadern mit der Vergangenheit, einer alten Beziehung oder dem Ex-Partner.

Als Elternteil hast du aber auch die Verantwortung übernommen, dass deine von dir und dem zweiten Elternteil in die Welt gesetzten Kinder die Chance erhalten, deren Leben freudvoll und in Leichtigkeit und Unbeschwertheit leben zu können. Das bedeutet für dich, dass du darauf achten musst, dass das Wesen deiner alten Beziehung (Wesenheit) nicht als weggeworfene Pflanze in deren Unterbewusstsein vor sich hin gärt. Deine Kinder sind Teil deiner vergangenen Ehe oder Partnerschaft. Je nachdem, wie du diese gemeinsame Vergangenheit mit dem zweiten Elternteil bewertest und behandelst sowie was du in Gegenwart deiner Kinder ausgesprochen oder auch unausgesprochen daraus machst und kommunizierst, sorgst du für Folgewirkungen in deren Psyche und Unterbewusstsein. Diese Folgen können mittel- und langfristig negativer Natur sein, wenn du es nicht schaffst, deine Beziehungsvergangenheit mit dem zweiten Elternteil wertschätzend anzuerkennen. Sie können für deine Kinder aber auch positiv und Potenzial sein, wenn du innerlich mit deiner Vergangenheit, dem Ex-Partner beziehungsweise der Ex-Partnerin und auch mit deinen erfahrenen Verletzungen ausgesöhnt bist. Für dich bedeutet das, dass du deiner Persönlichkeit erlaubst zu reifen. Für deine Kinder gibt es kaum Wertvolleres, als von reifen und bewussten Eltern-Persönlichkeiten durch die Kindheit und Jugend begleitet zu werden.

Bedenke, dass du dich als Person mit allem, was dich ausmacht, in jede Beziehung und überall hin mitnimmst. Dabei ist es egal, ob es sich dabei um eine neue Partnerschaft handelt oder du die alte Ehe neu beleben willst, ob du Freundschaften schließt, die Firma wechselst oder beschließt, in der alten oder neuen Beziehung Mama beziehungsweise Papa zu werden. Verstehe auch dich selbst als Pflanze und sorge für dein bestmögliches Wachstum mentaler und emotionaler Art. Gönne dir dafür Unterstützung und Begleitung! Insbesondere deine Kinder werden es dir danken. Was du sonst noch alles tun kannst, damit es dir und vor allem deinem Nachwuchs besser geht, wenn du dich zu einer Trennung oder Scheidung entschlossen hast, ist Thema des nächsten Teilabschnitts dieses Buches.

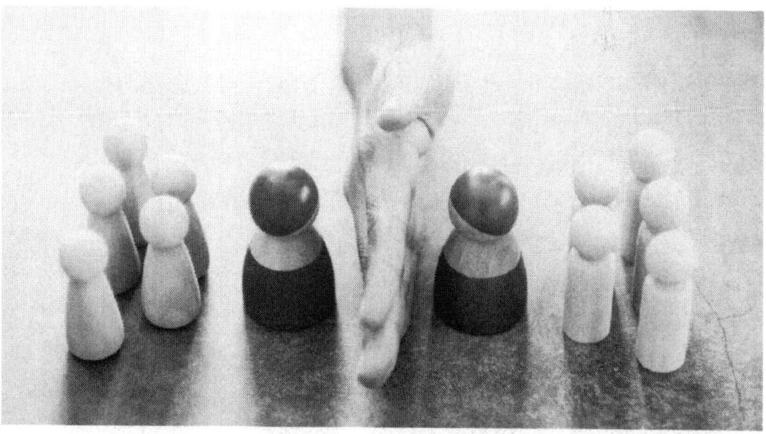

Praktische Tipps für Scheidungseltern, wenn die Trennung vor der Türe steht oder schon vollzogen ist

Was kannst du für dich selbst als Person tun?

Wappne dich für anstrengende Zeiten und nähre dein Nervenkostüm!

Wenn du dich in einer Trennungssituation befindest, hier zunächst einmal die gute Nachricht: Es kann nur noch besser werden. Das Schlimmste ist vorbei. Grundsätzlich. Du befindest dich aktuell in der Abschlussphase einer starken Konfliktphase und hast so manche ON-OFF-ON-OFF-ON-.Versuche mit deinem zukünftigen Ex-Partner, deiner künftigen Ex-Gattin hinter dir. Bildhaft kann man die Geschichte, die du schon hinter dir hast, in der du aber auch noch steckst und die dich außerdem in Zukunft noch beschäftigen wird, mit einem Marathon vergleichen. Du stehst ungefähr bei Kilometer 35,5.

Die ersten fünf Kilometer waren die freudvollsten. Du warst froh, dich für diesen Weg mit deiner Partnerin, deinem Partner entschieden zu haben. Vielleicht hattest du sogar darauf hin trainiert, hattest in deine Fitness und dein Durchhaltevermögen in die Entwicklung deiner Persönlichkeit und Beziehungsfähigkeit investiert, um gut vorbereitet zu sein. Vielleicht bist du aber auch ins kalte Wasser gesprungen und bist als sportliches Nackedei losgelaufen, – bist idealistisch, romantisch-verklärt, freud- und sehnsuchtsvoll ins Ungewisse hinein getappt. In dem Sinne und der naiven Gewissheit: Wird schon gut gehen, was soll schon schief laufen? Nicht wissend, dass es sich im

Grunde genommen um eine möglicherweise sehr harte, aber exzellente Schule deiner Persönlichkeitsentwicklung handeln wird.

Diese besagten ersten fünf Marathon-Kilometer, die Anfangszeit deiner Beziehungswegstrecke, freust (erfreutest) du dich einfach des Lebens, deiner Fitness, deiner Entscheidungskraft und du erfreust (erfreutest) dich an deinem Partner, an der Person, die mit dir an deiner Seite läuft. Die Gespräche, das Miteinander Sein - prickelnd, erotisch, spannend, beide Beteiligten empfinden ähnlich. Die Umgebung strahlt schöner, die Schönheit der Natur intensiver, Glücksgefühle flattern wie Schmetterlinge in deinem Bauch.

Dann kamen die nächsten zehn Kilometer. Sukzessive warst du dabei, dich auf den Lauf einzuschwingen, wurdest ruhiger. Gelassener. Du gewöhntest dich an den Weg, an den Partner oder die Partnerin und an die sonstigen Mitläufer dieser Marathon Laufstrecke auf deinem Lebensweg. Gemütlich, euch näher kommend und kennenlernend, seid ihr nebeneinander hergelaufen. Die Gespräche wurden intimer, die Intimsphäre vertrauter. Die Mitläufer außen vor lassend, konzentriertet ihr euch auf euch beide. Angetan einer vom anderen, berührt von dem Gefühl der Verbindung und Verbundenheit, angezogen von euren Körpern.

Ungefähr bei Kilometer 15 oder vielleicht auch erst circa bei Kilometer 20 gewannen die Mitläufer langsam an Einfluss. Die Aufmerksamkeit ausschließlich für euch selbst hatte sich etwas gelegt. Ohren, Augen und Interessen verlagerten sich etwas mehr auf Meinungen und

Personen im Außen. Personen im Außen können eure Kinder sein, die sich zu euch auf den Weg gesellt haben und ihn mit euch mitlaufen oder aber auch Familienmitglieder der persönlichen Primärfamilie oder der Schwiegerfamilie. Freunde, Arbeitskollegen oder auch der Arbeitsalltag selbst zählen auch zu den äußeren Einflussfaktoren, die in eure traute Zweisamkeit während eures Marathonlaufs hineinfunken. Das Hineinfunken anderer Personen oder äußerer Ereignisse hat, unabhängig davon, wie ihr beide dieses empfinden und bewerten mögt, ob als angenehm oder als unangenehm, immer einen störenden Einfluss auf eure Zweierbeziehung. Dieser störende Einfluss kann positiver, aber vor allem auch negativer Natur sein.

Nun stellt sich die Frage, wie gut es euch gelungen ist, eure Paarbeziehung gegen äußere Einflüsse zu wappnen. Inwieweit ist es euch gelungen, schon in den ersten 15 Kilometern Marathonweg eure Paarbeziehung zu stärken, sodass ihr auch den einen oder anderen Konflikt, der mit fortschreitender Zeit auftreten musste, in konstruktivem Sinne fähig wart zu durchlaufen? Denn jetzt begann es anstrengend zu werden. Der Alltag hatte euch immer fester im Griff. Ablenkungen wurden mehr und intensiver. Der Weg wurde mühsamer. Die ersten Durststrecken hatten begonnen. Erste bergauf führende Tunnelabschnitte, in denen ihr euch beide, jeder für sich immer mal wieder fragtet: „Warum tust du dir diesen Weg der Mühe und Plage überhaupt an?“

So wie die scheinende Sonne während eines Marathons im Laufe der hinter dich gebrachten Kilometer den Weg selbst anstrengender für dich macht, so machen Arbeitsstress, Alltagstrott, Sorgen mit den Kindern oder einfach auch nur lebendige Kinder, das Beziehungs- und Eheleben mit der Zeit anstrengender für dich und für euch beide. Und wie bei einem Marathon, bei dem du mit Elektrolytgetränken und Energiesnacks für den weiteren Lauf gestärkt wirst, beginnt jetzt die Zeit, in der du und ihr beide für euren weiteren Beziehungs(ver)lauf, für euer weiteres Eheleben des Öfteren mal Zuspruch und Unterstützung von dritten Personen im Außen braucht, um zu überprüfen, wie eure Beziehungsdynamik, – eure Verhaltensmuster, die Wertesysteme, Erwartungshaltungen, Regeln und die Organisation des Alltags und so weiter – anders verlaufen müssten, um langfristig ein höheres Beziehungserfolgspotenzial zu erreichen.

Nun bieten sich mehrere wohlwollende Menschen als Helfer an. Nicht bemerkbar, weil kaum wahrnehmbar: Die einen mehr verführend als die anderen, die anderen mehr manipulierend als die einen. Gut meinen es alle „Ratschläger" mit dir und mit euch. Kompetenz und Befähigung, euch ab jetzt zu unterstützen und zu begleiten, sind aber nur begrenzt vorhanden. Warum das so ist sowie Anregungen, was du präventiv tun kannst, vorsorglich hättest tun können, um nachhaltig einen sehr hohen Grad an Beziehungserfolg mit deinem Partner, mit deiner Partnerin zu erreichen und was du von vornherein dagegen machen kannst, dass deine Kinder überhaupt Scheidungskinder werden, hast du ausführlich im ersten und zweiten Teil dieses Buches erfahren.

Hatte einer von euch nun übersehen, sich für den Marathon vorab gezieltes Wissen zu erwerben, ein bestimmtes Training zu absolvieren, ein gewisses Maß an Trainingserfolg im Sinne von Kraftaufbau und Kondition zu erreichen, beginnt ab circa Kilometer 27 bis 30 die härteste Weg- und Durststrecke sowohl für den Marathon als auch für eure

Partnerschaft. Ohne Vorabinvestition in Wissen und Training kann man leicht übersehen, sich die Kräfte auf der zurückzulegenden Wegstrecke rechtzeitig einzuteilen.

Je nachdem, welcher der beiden Partner mehr Lust und Bedürfnis auf Persönlichkeitsentwicklung, auf Abenteuer, Leichtigkeit, Freude und Freiheit hat, ist eben dieser Mann oder diese Frau dem sensibleren, abhängigeren, bedürftigeren und einen einengenden Partner um Kilometer voraus. Die Lust, auf den anderen „hinten gebliebenen" Partner zu warten und Rücksicht zu nehmen, hat sich in Luft aufgelöst. Zu anstrengend der Weg, zu mühsam der Marathon, zu dürftig die kleinen Energiespenden, die man nach Absolvierung von Teilwegstrecken zwischendurch erhält.

Zwischenzeitlich neigst du schon dazu, diese Lichtblicke zu übersehen. Setzt dich nur noch mit dir selbst, mit deinem Leid und mit den persönlichen, schwindenden Kraftressourcen auseinander. Menschen, besonders die gemeinsamen mitlaufenden und anfeuernden Kinder, die ihr Bestes geben, um für dich da zu sein, dir Kraft zu spenden und dich zu motivieren, verlieren deine Aufmerksamkeit. Deine euch beide liebenden Kinder gehen in der Durchhaltegefühlsmischung beider Elternteile unter. Immer wieder werden sie verdrängt von der Enttäuschung, dem Zorn und der Wut auf den vorauslaufenden Partner, die oder der dich wider Erwarten den Weg nun alleine laufen lässt. Auch Gefühlsemotionen wie Frust und Groll auf die abgehängte Person, die in ihrer ganzen Beschäftigung mit den eigenen schwindenden Kräften offenbar den halben gemeinsamen Weg, das halbe miteinander geteilte Leben verschlafen hat, können dich in ihren Bann ziehen und die

Wünsche und Bedürfnisse der dich begleitenden Kinderseelen zeitweilig vergessen lassen.

Solche und ähnliche Gefühlsemotionswallungen aber lassen dich und auch deinen zukünftigen ExPartner weiter durchhalten bis zum bitteren Ende. Noch ist es nicht vorbei.

Du bist jetzt bei Kilometer 35. Du hast die Hoffnung, dass die Beziehung wieder gut werden könnte, dass ES wieder besser werden könnte, noch nicht aufgegeben. Die Hoffnung, dass sich noch etwas zum Guten ändern kann, stirbt zuletzt! Noch ist es möglich, es zu schaffen. Entweder holst du deinen vorauslaufenden Ehegatten, deine Frau oder deinen Mann noch ein oder wird diese/r hoffentlich so höflich sein, auf dich zu warten. Die Zeit, während der sich mindestens einer der beiden Partner einsam in der Beziehung fühlt und auch einsam geworden ist, hat begonnen. Ob sich der Vorauslaufende mit seiner eigenen inneren und äußeren Einsamkeit auseinandersetzt oder es bevorzugt, sich abzulenken und sich mit dem Wetter, der Umgebung oder mit MitläuferInnen auseinanderzusetzen, sei dahingestellt. Einsam sind nun dennoch beide, weil die Kommunikationsbereitschaft und die Willigkeit, sich mit dem Gegenüber auseinanderzusetzen, geschrumpft und nicht mehr vorhanden sind. Leider wurde die Distanz zwischen euch immer größer, bis sie zu groß geworden war. Nun gehen dir die Luft und das Durchhaltevermögen aus. Du willst nicht mehr. Entweder ist die Ehegattin zu rücksichtslos oder dein Partner will sein eigenes Ding durchziehen. Alle Erwartungen an sie oder an ihn wurden enttäuscht.

Aktuell befindest du dich bei Kilometer 37. Du hast nun alle Hoffnungen in einen noch möglichen Erfolg dieser Verbindung aufgegeben. Es ist vorbei. Die Luft ist raus. Alle Versuche, frei zu lassen, vorauszulaufen, aufzuholen, langsamer zu treten, im Gleichschritt zu gehen, waren vergebens. Dein Partner will einfach nicht mehr. Oder du selbst hast die Nase gestrichen voll. Vielleicht habt ihr auch alle beide keinerlei Interesse mehr, miteinander weiterzumachen, die Beziehung oder die Ehe aufrechtzuerhalten....

Allerdings: Der Marathon ist noch nicht aus! Du bist jetzt SCHON bei Kilometer 37! Umdrehen geht nicht mehr! Zu viel Weg, zu viel Geschichte liegt hinter dir. Beides: Weg und Geschichte sind Potenzial, Ressourcen, Geschenk für dich auf deinem weiteren Weg. Bist du mit deinem zukünftigen Ex-Partner allein und kinderlos geblieben, könnte der Kampf, der Marathon nun endgültig vorbei sein. In diesem Fall habt ihr euch beide mit Liebes- und Kampfgeist freiwillig für den Weg oder den Marathon entschieden. Keiner von euch muss weiterlaufen. Ab dem Zeitpunkt, an dem sich Kinder zu euch gesellen, habt ihr euch bis dahin zwar immer noch freiwillig – mit Liebes- und Kampfgeist – für diesen Weg entschieden.

Ab dem Zeitpunkt allerdings, in dem ihr einem Kind das Leben geschenkt habt, wendet sich das Blatt. Ab diesem Zeitpunkt, in dem ihr Eltern, Mama und Papa geworden seid, gibt euch das Leben den Marathon vor, aus dem ihr nicht mehr aussteigen könnt, wie es euch beliebt. Auch nicht bei Kilometer 37, wenngleich ihr nun tatsächlich den größten Teil der schönen, aber auch harten Lebens- und Beziehungs- und Partnerschaftsschule hinter euch habt.

Nun gilt es zu erkennen: Alles ist ein Geschenk für dich!

- Der oder die künftige Ex-PartnerIn – der zweite Elternteil als Person selbst
- die gesamte Geschichte eurer gemeinsam geteilten Beziehungsmarathonwegstrecke: Vom Zeitpunkt eurer ersten Begegnung bis heute.

Diese Geschichte eures gemeinsamen Beziehungswegs setzt sich wiederum zusammen aus:

der gemeinsamen Teilwegstrecke, der gemeinsamen Partnerschaftshistorie, als ihr noch kinderlos wart und

aus der gemeinsamen Teilwegstrecke der gemeinsamen Partnerschaftshistorie ab dem Zeitpunkt, als ihr Eltern wurdet

- die gemeinsame familiäre Vergangenheit in euren Rollen und Verantwortlichkeiten als Mutter und Vater für euer Kind
- die gemeinsame familiäre Vergangenheit in euren Rollen und Verantwortlichkeiten als Elternteile auf Erwachsenenebene euch wechselseitig selbst gegenüber und gleichzeitig

- die gemeinsame Vergangenheit in euren Rollen und Verantwortlichkeiten als Mann und Frau auf Beziehungs- und Partnerschaftsebene während eurer Eltern- und Familienära.

Bei all dem handelt es sich um Geschenk, Potenzial, Ressourcen für deine Zukunft. Nur leider noch nicht jetzt, sondern erst ab dem Zeitpunkt, von dem an es dir möglich wird, zu erkennen, dass deine angehende Ex-Frau, dein künftiger Ex-Mann, dir als Lehrmeister auf deinem grandiosen Weg der Selbsterweiterung und Selbstentfaltung – die gesamte Wegzeit bis hierher – gedient hat. Er oder sie war allzeit ein Geschenk für dich, hatte dich immer wieder beschenkt – mit schönen wie auch mit weniger schönen Geschenken.

Der größte und schönste Geschenkschatz, den ihr euch beide geben konntet?

Der größte und schönste Geschenkschatz, den ihr euch beide geben konntet, ist Eure Verschmelzung als Mann und Frau im Leben schenken: mit der Geburt im Organismus eures gemeinsamen Kindes. Die Existenz eurer Kinder macht für immer unauslöschlich, dass ihr beide Geschenk für euch beide wart, seid und bleibt. Der Weg des persönlichen Elterndaseins, des gemeinsamen Elternseins will und muss weitergegangen werden.

Schiedsrichter, der – überdauernd die gesamte Teilstrecke deines dir nunmehr vom Leben vorgegebenen Marathonabschnitts – über Qualität und Beschaffenheit dieser Reststrecke entscheidet, ist nun das Leben selbst. Dein Leben als höchste Instanz bestimmt unmittelbar ab

Beginn dieser neuen Teilstrecke darüber, wann der Marathon für dich als Mama oder Papa zu Ende ist, ob du einen weiteren mühseligen Kurs vor dir hast oder ob du „nur“ noch die Teilwegstrecke bis in den obligaten 42,195 Kilometer-Zielraum laufen musst.

Wie kommt diese These zustande? Sobald ihr Eltern geworden seid, hört der Marathon grundsätzlich nie auf. Es beginnt vielmehr ein neuer. Und ab eurer Scheidung beginnt der nächste Marathonlauf. Beeinflussen kannst du und könnt ihr nur den Schwierigkeitsgrad dieses Dauerlaufs. Einen Marathon kann man im Grünen laufen, in einer Stadt auf Asphalt oder aber auch in einer Wüste. Ausdrücken will diese Metapher: Du kannst jetzt und auch später nur an deiner persönlichen Haltung gegenüber dieser vonstattengegangenen Wendung des Schicksals gegenüber diesem seit der Geburt eures Kindes ausgelösten neuen Weg arbeiten.

Deine Grundhaltung kann dein weiteres Schicksal leichter oder herausfordernder und schwieriger machen. Schaffst du es jetzt, dich mit deiner aktuellen Lebensphase und Lebenssituation auszusöhnen, dich zu motivieren und konstruktiv sowie in Demut deinen Kindern gegenüber den Weg zu absolvieren, den dir der Schiedsrichter – dein Leben jetzt vorgibt, wirst du den Weg von Kilometer 37 bis zur Scheidung bei Kilometer 42,195 gut begleitet und unterstützt meistern. Wenngleich der letzte Teilabschnitt bis zum Ziel bis zur Scheidung sehr anstrengend für dich und ebenso für deinen künftigen Ex- Partner männlichen oder weiblichen Geschlechts bleiben mag. Wie ein Spitzensportler seine Ergebnisse mit Hilfe eines Coaches unter dessen Anleitung um ein Vielfaches verbessern kann, hast auch du die Möglichkeit dir unterstützende Begleitung zu holen, um dein fokussiertes Dranbleiben in einer konstruktiven Haltung, deine Ressourcen und Fähigkeiten sowie deine daraus resultierenden Leistungen – wenigstens deinem Nachwuchs zuliebe – zielorientiert zum Wohle aller zu steigern.

Eine konstruktive, kooperative Grundhaltung sorgt dafür, dass du nicht auslaugst. Du bleibst bei Kräften, weil unterschiedliche Begleiter aus deinem familiären, aus deinem Freundeskreis und aus dem Kreis unterstützender Institutionen und Experten dafür sorgen, dich und deinen Energiehaushalt immer wieder mit emotionaler, mentaler und physischer Unterstützung aufzurüsten. Bleibst du konstruktiv, sorgst du dafür, dass der neue Weg für dich und für deine bei dir bleibenden Mitläufer – deine dich motivierenden und anfeuernden Kinder – ein besonnener Weg, ein guter neuer Lebensabschnitt werden kann.

Dein Leben selbst und deine Grundhaltung als Gestalter, als Gestalterin deines Lebens entscheiden darüber, wie gut oder wie schlecht, in welchem Tempo und in welcher Qualität

a) du

b) ihr beide beziehungsweise

c) alle an eurem Familiensystem Beteiligten

das Restteilstück des aktuellen und in weiterer Folge Anfang und Verlauf des neuen Dauerlaufs erfolgreich absolvieren. Denke bitte daran, dass spätestens ab dem Zeitpunkt, ab dem ihr beide euch entschieden habt, getrennte Wege zu laufen, auch für euer Kind, eure gemeinsamen Kinder ein mühsamer Weg begonnen hat, der sich für diese nicht nur wie ein Marathon, sondern wie ein Triathlon oder Ironman anfühlen kann. Wie sich die Qualität des neuen Lebenswegs für eure Kinder gestalten wird, ob als Marathon, Triathlon oder Ironman, liegt in euren Verantwortlichkeiten als Eltern, in deiner Verantwortung als Mama oder Papa. Die Werte Verantwortlichkeit und Verantwortung beinhalten grundsätzlich eine kooperativ-konstruktive persönliche Grundhaltung.

Niemand hindert euch daran, weiter euer Bestmögliches zu geben und euch Unterstützung für diese Meisterschaft erfordernde Disziplin zu holen. Ihr werdet sie bekommen! Mit professioneller Hilfe eines kompetenten Experten werdet ihr schlussendlich beide erkennen, wie gehaltvoll, wie reichhaltig euer gemeinsamer Weg war, ist und weiterhin sein kann.

Schau dir diese Formel an, möge sie dir Zuversicht geben!

Du als Geschenk mal dein Gegenüber als Geschenk ergibt Geschenk hoch X = Kind(er)

Du als Potenzial mal dein Gegenüber als Potenzial ergibt Potenzial hoch X = Kind(er)

Kommen wir zurück zu unserem Bild des Marathons, der gänzlich von euch absolviert werden will. Aktuell befindest du dich wie gesagt, bei Kilometer 37. Ihr habt euch für die Scheidung eurer Ehe für die Trennung eurer Partnerschaft entschieden. Und wieder taucht ihr beide in eine weitere Phase intensiven Schmerzes ein. Schließlich geht es jetzt darum, eure Paarbeziehung durch eine Scheidung endgültig zu beenden. Jegliche tatsächliche Beendigung einer Beziehung gleicht in ihrer Endgültigkeit symbolisch einem Tod, dem ein kürzerer oder längerer Sterbeprozess vorangegangen ist und bei dem einer der beiden Beteiligten als Hinterbliebener mit starken Schmerzen und Gefühlsemotionen der Trauer, Traurigkeit, Wut, Enttäuschung und des Zorns auf die von dannen ziehende Person zurückbleibt. Zumindest vorübergehend.

Eure Ehe, eure Paarbeziehung will gut und im Guten beendet werden! Achtet ihr nicht genau darauf, gibt es noch andere Hinterbliebene, die sehr viel verletzter, geschwächter und traumatisierter zurückbleiben können als jeder Erwachsene, der oder die einen Partner durch Tod oder Scheidung verloren hat. Bei diesen Hinterbliebenen handelt es sich um eure, euch beide – Mama und Papa – liebende Kinder.

Bist du der verlassene Part, fühlst du den Schmerz aktuell möglicherweise tiefer, als wenn es sich bei dir um die Person handelt, die sich dazu entschieden hat, endgültig zu gehen. Aber auch wenn du der Verlassende, die „Geherin“ bist, sind diese Gefühlsemotionen dennoch – möglicherweise tief verborgen im Unbewussten – existent und brauchen irgendwann den Raum, an die Oberfläche zu kommen, um verarbeitet zu werden, damit dies nicht stellvertretend deine Kinder oder dein Organismus, dein Körper für dich tun müssen.

Die intensivste Konfliktphase hast du grundsätzlich schon hinter dir. Die belastendste Konfliktphase ist die, in der du, in der ihr in einer Phase der Nicht-Entscheidung lebt oder vielmehr lebtet. Diese „Ob-Phase“, in der ihr hin und her gerissen seid und euch die Fragen stellt: „Sollen wir zusammenbleiben? Sollen wir auseinandergehen?“, kann sowohl auf eure Kinder als auch auf euren Organismus unglaublich verunsichernde und stressende Auswirkungen haben. Keiner kennt sich aus. Niemand fühlt sich wohl. Der

Stress, der Druck, die Belastungen und Anspannung wirken während des gesamten Alltags subtil auf euch ein. Für Kinder kann eine solch angespannte Lebenssituation ein permanentes Über- Glühende-Kohlen-Gehen bedeuten. Sie wissen nicht und fragen sich:

- Wie geht es dem Papa?
- Was geht in der Mama vor?
- Wann explodiert der Vater oder zuckt die Mutter aus?
- Wann schreien die Eltern sich gegenseitig oder auch uns Kinder an?

Auf diesem heißen Feld der wechselseitigen elterlichen Gereiztheit und Depression wollen die Kleinen nichts falsch machen. Natürlich können ihnen Fehler dann erst recht passieren. Sie fürchten sich, Stellung für oder gegen einen Elternteil zu beziehen. Werden sie dann doch dazu gezwungen, können es sich Kinder häufig bis ins späte Erwachsenenalter nicht verzeihen, dass sie den anderen Elternteil – nämlich den, gegen den sie Stellung bezogen, – verraten haben.

Die Phase starker Konflikte, die du in deiner aktuellen „Endspurtphase" schon hinter dir hast, impliziert, dass du so manches übersehen und dich unbewusst immer wieder im Kreis gedreht hast. In diesem Kreis-Lauf befindest du dich möglicherweise noch immer. Blinde Flecken von dir selbst und auch von deinem zukünftigen Ex-Partner lassen grüßen. Sie zählen zu den Hauptursachen für wiederholte Unstimmigkeiten und Streit, was euch wiederum an den Punkt gebracht hat, an dem ihr heute steht. Unabhängig davon, ob deine Frau oder dein Mann schon Geschichte ist oder dich weiterhin persönlich anwesend oder vielleicht auch aus der Ferne plagt: Du bist im letzten Siebentel deiner Beziehungsmarathonstrecke angelangt. Du befindest dich also bereits in der Zielgerade. Jetzt geht es wirklich darum, noch einmal alle letzten Kräfte zu mobilisieren, um die „Ziellinie Trennung/Scheidung auf dem Papier“ zu überqueren und dann endlich einmal ausschnaufen zu können. Danach kannst du Pause machen und entspannen, um im Anschluss an diese Pause einen nächsten, neuerlichen Dauerlauf zu beginnen. Immer noch mit dem gleichen Partner, mit deinem aktuell, jetzt noch künftigen Ex-Partner.

Dieses Mal handelt es sich aber nicht um eine Laufstrecke auf Paarebene, sondern um eine auf Elternebene, deren Schiedsrichter wie gesagt, das Leben selbst bleibt. Ob dieser neue Marathon von Frieden, Gelassenheit und Kooperationsbereitschaft im Sinne und für die Bedürfnisse eurer gemeinsamen Kinder geprägt sein kann, hängt davon ab, in welcher Qualität

a) du und

b) ihr

euren aktuell anstehenden Endspurt absolvierst oder absolviert,

c) welche Hilfe du dir oder ihr euch gönnt und

d) wie sehr ihr beide an der Möglichkeit arbeitet, euch mit allem, was ihr bis zu diesem Punkt in eurem Leben gemeinsam gemeistert und erlebt habt, auszusöhnen.

Die Aussöhnung mit deinen Schmerzen und Verletzungen, die dir in der Vergangenheit offenbar durch deinen Partner zugeführt wurden, ist die Grundvoraussetzung für eine gute weitere Gesprächsbasis für die Ausgestaltung eines neuen Weges, der für alle gehaltvoll ist und passt.

Momentan allerdings, zum aktuellen Zeitpunkt, kann dir wieder einmal alles zu viel sein. Deine Lust, großartig an die Zukunft zu denken, mag sich in Grenzen halten. Sorgen plagen dich ohnehin schon genug. Du fühlst dich überfordert und emotional angeschlagen. Alles passiert auf einmal und du musst trotzdem funktionieren. Noch dazu tanzen gerade in solchen Phasen innerer Anspannung deine Kinder auf deinen zu Drahtseilen angespannten Nerven Tango. Es wird zunehmend schwieriger, die Balance zu halten und in Stresssituationen gelassen zu bleiben. Es wird zu einer echten Herausforderung, das Umfeld nicht merken zu lassen, wie sehr du innerlich aufgewühlt und gereizt bist.

Genau solche Gemütszustände können in der Scheidungsphase auf dich zukommen, vielmehr zählen sie zum „normalen“ Alltag eines Scheidungsprozesses. Vielleicht bist du ihnen bereits ausgeliefert?

Was also kannst du nun tun, um solche Stressphasen bestmöglich durchtauchen zu können?

1. **Hole dir Hilfe von außen und reflektiere sowie überprüfe deine Haltungen, Werte, Perspektiven, Überzeugungen, Glaubenssätze und Gedankengänge**

Deine blinden Flecken, deine persönlichen, unbewussten Perspektiven, Blickwinkel, Gedankengänge, Überzeugungen und Haltungen haben dich zu dem Punkt gebracht, an dem du aktuell stehst, – die aus der Gegenwart und vor allem die aus der Vergangenheit! Blind sind deine Flecken bis heute geblieben, weil es nicht möglich ist, sie selbst zu beleuchten. Dafür braucht es die Hilfe von außenstehenden Experten. Gönnst du dir die Hilfe, wirst du viele entlastende Aha-Erlebnisse und Erklärungen sowie Verständnis dafür haben, dass du gerade da stehst, wo du eben jetzt stehst. Erkenntnisse dieser Art wirken unglaublich erleichternd und aussöhnend mit allen Erlebnissen, Personen und Wegen deines bisherigen Lebens. Dein Organismus, dein Wohlbefinden stabilisiert sich und du siehst sowohl wieder mehr in der Gegenwart und Zukunft als auch zuversichtlicher in die Zukunft.

Aktuell mag es sein, dass dir Gott und die Welt Energie rauben. Insbesondere Kinder können nervtötend sein, wenn du emotional und mental ohnehin schon am Zahnfleisch daher kriechst. Jedoch geht es nicht nur darum, dass du dich nervlich nicht weiter berauben lässt, dass dir dein künftiger Ex-Partner, deine Kinder oder dein Umfeld energetische

Substanz stehlen. Auch du selbst neigst mindestens unbewusst dazu, den Energiehaushalt deiner Kinder und den deines Umfeldes anzuzapfen, wenn du in Krisenzeiten nicht auf deine innere Stabilität achtest beziehungsweise rechtzeitig dafür sorgst, dich mental, emotional und auch physisch auf Krisenzeiten vorzubereiten!

Supervisorische, therapeutische Hilfe und Unterstützung in Angelegenheiten der Problemlösung ist ein möglicher Weg, vielleicht sogar der wichtigste, weil sehr wirkungsvoll und Energie spendend. Jegliche Art von Kommunikations- und Beziehungsproblemen löst du viel leichter und effizienter, wenn du es dir erlaubst, von einer dritten therapeutisch geschulten Person eine Art supervisorische Hilfe aus einer Außenperspektive zu holen.

Am besten für diese Aufgabe in einer Trennungs- und Scheidungsphase eignet sich ein Coach, eine Expertin, der oder die dich und euch aus der Sicht und Perspektive eurer gemeinsamen – euch beide liebenden – Kinder unterstützt und aus der Betrachtungsweise der Kleinen deine und eure Problemlagen beleuchtet. Ein Feuer, – egal ob ein Strohfeuer oder ein Lagerfeuer – ist von außen leichter zu beobachten und zu löschen als von innen heraus.

Ein Stabilisieren des eigenen Wohlbefindens kannst du allerdings auf mehreren Ebenen in Gang setzen: Auf

- der physischen,
- der mentalen,
- der emotionalen und
- der energetischen Ebene des Bewusstseins.

Sobald du überhaupt etwas tust, nährst du dich ohnehin auf allen Ebenen, weil alles zusammenhängt. Präventiv vorab für sich und sein Nervenkostüm zu sorgen macht natürlich immer Sinn. Prävention ist grundsätzlich gesünder als Krisenintervention – für dich und für dein dich umgebendes Umfeld, insbesondere für deine und eure gemeinsamen Kinder. Hier erfährst du nun ein paar weitere praktische Ideen, Anregungen und Tipps, wie du

- dein Nervenkostüm,
- deine Konfliktfähigkeit,
- dein Durchhaltevermögen und
- deine Krisenfestigkeit

stärken kannst und übrigens zu deinem eigenen und zum Wohl aller am Familiensystem Beteiligten auch stärken solltest. Deiner persönlichen Fantasie seien im Übrigen auch keine Grenzen gesetzt, um weitere Ideen und Impulse zu generieren. Sie darf deinem Wohlbefinden auf unbegrenzte Weise dienlich sein, mach sie dir zunutze!

Bei allem, was du nun tust und möglicherweise an neuen Ideen umsetzt:

Achte darauf, dass du empathisch bleibst und deinen künftigen Ex-Partner nicht bewusst kränkst!

Wie oft bist du schon von deinem Mann oder von deiner Frau gebeten worden, gemeinsam dieses oder jenes zu unternehmen, zum Beispiel da oder dorthin, endlich einmal zu einer bestimmten Zeit auf Urlaub zu fahren? Wie oft hast du übersehen, für eure Beziehung eben eine solche Priorität zu setzen und bist – sehr zum Frust deines Gegenübers – in deinem Hamsterrad stecken geblieben? Nur um jetzt in eurer Trennungsphase plötzlich demonstrativ Dinge zu unternehmen, um die du in eurer Partnerschaftsära des Öfteren gebeten wurdest und um ihm oder ihr genau dies nun demonstrativ unter die Nase zu reiben? Bitte unterlasse jegliche zynischen und verletzenden Aktionen schon aus Respekt gegenüber deinem/r künftigen Ex-PartnerIn! Erst recht aber bedenke, dass eure gemeinsamen Kinder Kränkungen dieser Art gegenüber Papa oder Mama mitbekommen und mit dem gekränkten Gegenüber mitfühlen.

2. Durchbreche deinen Alltag!

Mache Dinge, die Du sonst nie tust! Neigst du dazu, lange zu schlafen, stehe mal um fünf Uhr auf und mache einen Spaziergang in der Morgendämmerung. Neigst Du dazu, früh aufzustehen, bleibe mal so lange im Bett liegen, wie nur irgend möglich. Knotze nach, höre klassische Musik, lies ein Buch. Kurz: Mach etwas, das du noch nie getan hast! Hauptsache, du genießt und beweist deinem Hamsterrad, dass du kein Hamster, sondern Herr oder Frau über dein Schicksal bist! Das mag nicht unter allen Umständen möglich sein. Ein Säugling muss gefüttert werden, wenn der Säugling hungrig ist. Kinder müssen versorgt und in den Kindergarten oder die Schule gebracht werden. Allen Lebewesen, für die du dich entschieden hast und die von dir abhängig sind, musst du ermöglichen, deren Grundbedürfnisse zu befriedigen.

Aber: Es gibt noch genug Zeit dazwischen, wo du üblicherweise auch funktionierst, ohne nachzudenken. Auch in diesen Zeiten bist du Herr oder Frau über dein Schicksal. Mindestens aber der Hamster, der sein Rad bedient, welches durchaus auch mal stillstehen darf. Du brauchst immer mal wieder die Möglichkeit, auf andere Gedanken zu kommen, deine Kreativität, Fantasie und deinen Tatendrang abermals in Gang zu bringen. Der Sexualtrieb, die Libido, die Lebensfreude gehören zwischendurch auch immer wieder aktiviert! Und das mit allen dir zur Verfügung stehenden respektvollen und selbstverständlich gewaltfreien Mitteln!

3. Baue Körperübungen in dein Leben ein!

Deinen Alltag kannst du außerdem abwandeln, indem du zwischendurch ein paar Körperübungen machst! Kauf dir ein gutes Zimmertrampolin und swinge oder springe auf den rund 120 cm Durchmesser 30 Minuten zu einer bestimmten Musik oder auch ohne Musik. Du wirst erstaunt sein, wie dankbar dir dein Körper für diese Art oder vielmehr für jegliche Art von Zuwendung sein wird. Glücksgefühle beleben im wahrsten Sinne des Wortes das Gemüt, die Libido, den Tatendrang und die Anziehungskraft. Oder hol dir zu Übungszwecken ein Theraband. Mache Planking Übungen oder Kniebeugen. Sing ein Lied, pfeife vor dich hin. Lege dir einen Song auf und tanze! Geh raus und jauchze einmal lustig vor dich hin! Ist doch egal, was die Nachbarn denken mögen! Wann hast du das letzte Mal fünf Minuten Hopser-Lauf praktiziert? Du lebst nur ein Mal in diesem Körper, den du dir für dieses Leben ausgewählt hast!

4. Verändere spontan deine Ernährungsweise!

Mach eine Woche lang eine Saftkur oder zwei Wochen eine Darmsanierung! Verzichte eine Woche lang auf Fleisch, wenn du Fleischesser oder iss eine Woche lang Fleisch, wenn du Veganerin bist! Mach zwei Monate lang eine Stoffwechselkur oder nähre dein Gehirn und deine Nerven mit hochwertigen Eiweißen und Fischölen! Mach eine Gehirn- und Nervenstärkungskur mit ausgesuchten B-Vitamin-Komplexen und gehe nebenbei regelmäßig in die Natur!

Hier zum Beispiel findest du auf unbegrenzte Zeit gratis köstliche, zeitsparend und einfach zuzubereitende Koch- und Ernährungsrezepte, mit denen du deinen Gesundheitszustand und deinen Körper simpel und unkompliziert auf ein neues Level bringen kannst: **https://rezepte.next-level-body.de/rezepte-p03**.

Online erhältst du viele kostenlose Anregungen und Tipps, die dich darin unterstützen, deinen Energie- und Kraftlevel, deine Fitness sowie deine Lebensfreude zu erhöhen. Deine geistige Leistungsfähigkeit wird sich ebenso steigern wie auch die Gesundheit deiner Kinder, lässt du sie an gesunder Ernährung und freudvoller Bewegung teilhaben.

5. **Versuche mal aus reiner Experimentierfreude heraus, wie du wenigstens vorübergehend deine Sichtweise verändern kannst!**

Wenn du regelmäßig Alkohol trinkst, lass ihn für zwei Wochen beiseite. Wenn du strikter Antialkoholiker bist, kreiere dir zwei Wochen lang jeden Abend eine romantische Atmosphäre, ein ultragemütliches Ritual und trinke ein Achtel Rotwein, gemeinsam nur mit dir! Warum Rotwein und nicht Weißwein? Der Rotwein enthält eines der gesündesten Antioxidantien schlechthin: Das berühmte OPC oder in Langform ausgesprochen die „Oligomeren Proanthocyanidine"[25]. Es geht nicht darum, aus einer Sucht rauszukommen oder sich eine neue zu kreieren. Es geht einzig und allein um einen symbolischen und physischen Wechsel deines Standorts und Gesichtspunkts, der es dir ermöglicht, deine Perspektiven zu wechseln und zu erweitern, weil du lernst, die Dinge von einem neuen Standort aus zu betrachten: Schau einfach mal, was dabei rauskommt, wenn du auf Teufel komm raus, dich selbst wie der beste Vater und/oder die beste Mutter der Welt versorgst!

6. Meditation bringt dich in Gelassenheit

Du willst ausgeglichener sein? Wer hindert dich daran, abends vor dem Einschlafen noch zehn Minuten zu meditieren, Yoga zu praktizieren, dich auf deinen Atem zu konzentrieren und ihn zu beobachten oder auch einmal rauszugehen oder auszufahren, um dir den Sternenhimmel anzuschauen, Sternschnuppen zu zählen und dabei „Wünsch dir was!" zu spielen? Magst du ein solches Erlebnis mit deinen Kindern teilen? Nur zu! Ein Miteinander-Sein solcher Qualität vergisst ein Kind nie mehr und du wahrscheinlich auch nicht! Setz dich 20 Minuten oder eine halbe Stunde lang an einen Bach, See oder Fluss und beobachte das Wasser beim Fließen. Lausche ihm und der Umgebung. Verbinde dich mit diesem stetigen Fließen mit dem ewigen Wandel. Geh in den Wald, genieße dort Flora, Fauna, Luft und Atmosphäre und höre die Stille oder wie die Blätter der Bäume im Wind rauschen. Beobachte Rehe, Eichhörnchen oder aber auch einfach Hundewelpen oder Katzenkinder in ihrem tapsigen Verhalten. Worauf auch immer du dein Augenmerk, deine Aufmerksamkeit lenkst, du wirst merken, wie beruhigend und heilsam sich diese Zeitspanne der reinen Beobachtung oder der Fokussierung auf einen bestimmten Punkt auf deinen gesamten Organismus auswirkt.

7. Fahr einmal auf Kur!

Gönne dir mal eine Kur. Mach mal eine Gesundheitswoche oder wandere für ein paar Tage einige Etappen eines Pilgerwegs. Es muss ja nicht gleich der Jakobsweg sein. Eine oder drei Wochen lang einmal nur für dich selbst da zu sein, dich nur um dich selbst zu kümmern, deine eigene Seele baumeln zu lassen, deinen Geist und deinen Körper zu pflegen, kann unglaublich heilsam sein! Nebenbei bekommst du dabei noch Unterstützung vom Staat. Was brauchst du hier allerdings am dringendsten? Die Unterstützung deines künftigen Ex-Partners und der sonstigen Erwachsenen, die sich in deinem familiären Nahbereich befinden.

Hast du ein Stadium erreicht, indem du dir mal ein, zwei oder drei Wochen für dich herausholen kannst und dabei auf die Mithilfe deines Ex-Partners, deiner Ex-Partnerin und des Onkel-, Tanten- und Großelternsystems zählen kannst, befindest du dich auf dem Gewinnerweg für dich selbst und für deine Kinder, die sich auch in diesem Fall sicher fühlen können und dürfen. Das Erreichen eines solchen Helfersystems zum Beispiel kann zum Ziel einer Elternbegleitung im Scheidungsfall erklärt werden.

An Zielen solcher Art, die eine Win-win-Situation für alle Beteiligten bedeuten, lohnt es sich zu arbeiten. Wenn du dazu bereit bist, steht ganz sicher ein kompetenter Experte für dich zur Verfügung. Im Sinne und Interesse eurer Kinder wird entweder im Einzelsetting mit dir oder im Paarsetting mit euch beiden daran gearbeitet, dass ihr beide die Gewissheit erlangt, dass ihr euch auf der Elternebene vertrauen könnt, dass die Welt sich auch gut weiter drehen kann, wenn einer von euch mal für zwei oder drei Wochen eine Auszeit für sich allein oder für sich mit den gemeinsamen Kindern haben möchte.

Was kannst du für dich und eure gemeinsamen Kinder tun?

An dieser Stelle darf ich erwähnen – deine oder besser gesagt: Eure Kinder können nichts dafür, welchen Partner ihr euch jeweils ausgesucht habt und ob ihr das Gegenüber heute für euch als Nudelauge, Versager, Bissgurn oder Krautschädl definiert! Um überhaupt in ein solches konfliktbehaftetes Stadium zu kommen, braucht es zwei Beteiligte. Manche vertreten die These, dass zum Streit schon eine Person reicht. Das glaube ich nicht. Zu einer Zweier-Beziehung gehören immer zwei Personen. Sobald mindestens zwei Personen in eine Beziehung involviert sind, entwickelt sich eine Dynamik, ein Beziehungssystemkontinuum sozusagen. Tauscht man eine der beiden Personen aus, würde sich die Dynamik mit einer zweiten Person anders entwickeln. Es entstünde ein anderes Beziehungskontinuum, möglicherweise mit denselben Endergebnissen. Mit denselben Ergebnissen meine ich, dass eine betreffende Person – vielleicht sogar du? – im Laufe unterschiedlicher Beziehungen zum Beispiel immer wieder betrogen oder verlassen wird oder vielleicht auch Gewalt erlebt. Es sich möglicherweise herausstellt, dass der Partner süchtig ist oder wird etc. Währenddessen jedoch – während dieser Zeiträume zwischen Beginn einer Partnerschaft und den Ergebnissen im Sinne von Ereignissen, die ein mögliches Ende auslösen, – kann der Beziehungsprozess deutliche Unterschiede aufweisen.

Was will ich damit sagen? Ihr habt euch kennengelernt am Tag X im Jahre Schnee. Beide wart ihr erwachsen. Fertige Persönlichkeiten mit vielen Wesenszügen oder wie im ersten Teil des Buches auch anders ausgedrückt, geprägt von psychischen Instanzen, die in und durch euch wirken. Am

Tag X habt ihr beide beschlossen, einen gemeinsamen Weg zu beschreiten, wie oben metaphorisch beschrieben, gemeinsam einen Marathon zu laufen. Das Gegenüber habt ihr damals beide noch durch die rosarote Brille gesehen. Damals hat euch niemand gezwungen, zusammenzukommen oder zusammenzubleiben. Dann sind einige Tage oder auch Jahre vergangen und ihr habt – die Gläser der rosaroten Brille möglicherweise gegen andere schöne Farben ausgetauscht – euch vor den Altar oder das Standesamt im wahrsten Sinne des Wortes „getraut"!

Seit diesem ersten Tag X sind nun viele Tage oder Jahre vergangen. Seit dem Hochzeitstag ebenso. Die Gläser habt ihr aber nun gegen schwarze, graue, kotzgrüne oder sonstige Farben getauscht, die euch nicht oder nicht mehr gefallen. Der Mensch, den ihr durch welche Brillengläser auch immer anschaut oder angeschaut habt, ist damals schon ein großartiges Wesen gewesen und ist es bis zum heutigen Tag immer noch! Und in dieser Großartigkeit haben euch – und zwar euch beide – eure Kinder gesehen, als sie auf diese Welt kamen. Noch heute sehen sie euch mindestens auf der unbewussten Ebene als großartige Wesen. Eure Kinder brauchen keine Brille, für keinen von euch. Sie fühlen euch, nehmen euch wahr mit euren Fehlern und gleichzeitig in eurer Größe, in eurer Großartigkeit. Egal, ob ihr euch selbst spürt und egal ob ihr euch entscheidet, diese Größe, dieses große Wesen oder aber nur kleine Teilaspekte davon zu leben.

Beide als Erwachsene wart und seid ihr dafür zuständig und verantwortlich, dass ihr da steht, wo ihr heute steht! Und beide seid ihr dafür verantwortlich, dass ihr in eurem Sinne, vor allem aber im Sinne eurer Kinder, – die euch beide als Mutter und Vater lieben und haben wollen, – wieder in eine

Beziehungsdynamik, wenigstens in ein elterliches Beziehungskontinuum kommt, welche oder das von deutlich mehr Respekt, Wertschätzung und Harmonie geprägt ist, als ihr beide es in der Vergangenheit gepflegt habt. Dies gilt auch und umso mehr, wenn sich einer von euch zwischenzeitlich für einen neuen Partner entschieden haben sollte.

1. **Halte deine Kinder aus eurem emotionalen Schlachtfeld heraus!**

Hältst du eure Kinder nicht aus eurem emotionalen Schlachtfeld raus, wirst du aus meiner Sicht die Liebe deiner Kinder nicht verlieren. Dennoch ist die Wahrscheinlichkeit sehr hoch, dass du mittel- und langfristig ihren Respekt und ihre Wertschätzung verlieren wirst. Entgegengebrachte Gefühlsemotionen wie Respektlosigkeit und Verachtung können unglaublich schmerzhaft sein. Und noch schmerzhafter als Gefühlsemotionen, die man für das, was man sät, vom Außen erntet, können Gefühlsemotionen, deren man sich selbst bezichtigt, wie Schuldgefühle oder Selbstverachtung für eigenes Fehlverhalten sein. Und dabei ist es unwichtig, ob du Fehlhandlungen bewusst oder unbewusst setzt. Anders ausgedrückt: Es ist gleichgültig, ob du deinem Gegenüber bewusst oder unbewusst unrecht tust oder Schmerzen zufügst. Unrecht bleibt Unrecht und Schmerzen bleiben Schmerzen; nicht auf ewig, aber meistens für eine sehr lange Zeit. Warum? Weil dir nicht nur das Gegenüber vergeben muss, sondern vor allem du dir selbst, um Unrecht und Schmerzen, welche du einem anderen zugefügt hast, zu tilgen. Und genau ein solcher Schmerztilgungsprozess oder anders ausgedrückt, ein solcher Versöhnungsprozess mit sich selbst, mit dem Gegenüber, mit den vergangenen Ereignissen und mit den schmerzhaften Handlungsweisen, die ihr euch in der Zeit eurer Ehe oder Partnerschaft wechselseitig angetan habt, muss Ziel und Arbeitsinhalt einer den Bedürfnissen und Interessen von betroffenen Trennungskindern entsprechenden Scheidungselternbegleitung sein. Dieses

Ziel jedenfalls liegt in der Intention der österreichischen §§ 95 Abs. 1a und 107 Abs. 3 Z 1 Außerstreitgesetz.

Fazit: Deine beziehungsweise eure Kinder haben es verdient, dass sowohl ihr Vater als auch ihre Mutter ihre (Erzeuger-)Götter bleiben, unabhängig davon, welche Probleme auf der Götterebene auftreten! Und die, sprich diese Ebene muss bereinigt werden, um für das Wohlergehen der gemeinsamen Kinder wohlwollende Elterngötter sein und bleiben zu können!

1.1 Koordiniere und organisiere für eure Kinder einen Seelenurlaub oder Asylaufenthalt in einem neutralen, wohlwollenden Umfeld

Befindet ihr euch auf Götter-, das heißt auf Elternebene bereits in einem Rosenkrieg, gönnt eurem Nachwuchs ab und an eine Pause und bringt die Kleinen für eine Zeit lang auf Erholungsurlaub in ein neutrales Umfeld.

Wie kann man nun den dehnbaren Begriff „eine Zeit lang" definieren? Darunter kann man je nach Konfliktzustand oder Konfliktdynamik zwei oder drei Stunden am Tag verstehen oder auch mal zwei oder drei Wochen in den Ferien, wo du oder ihr als Eltern beide gemeinsam bei Verwandten, Großeltern oder auch Eltern von Freunden um Gastfreundschaft für eure Kinder ansucht, um dann gemütlich weiter streiten zu können. Denke dir hier bitte an dieser Stelle ein Zwinkersmiley, weil eine solche Handlung im Sinne der Kinder zu einem solchen Zeitpunkt oft leichter gesagt als getan ist.

Dennoch kann man Seelenurlaube oder Entlastungsaufenthalte in einem neutralen Umfeld für betroffene Kinderseelen rechtzeitig koordinieren oder wenigstens im Nachhinein, im Anschluss einer Hochkonfliktphase ermöglichen. Habt ihr in eurem Umfeld keine entsprechenden Verwandten- oder Freundesgaststätten, gibt es vielleicht von Schulen, Kinder- und Jugendvereinen, Sozialversicherungen, Gemeinden oder Kirchen organisierte Feriencamps oder ähnliche Aktionen, die ihr für euren Nachwuchs nutzen könnt.

Apropos Schlachtfeld:

1.2 Dein Kind eignet sich weder als Druckmittel gegen deinen Ex-Partner noch als Tröster für deine emotionalen Verletzungen!

Wie schon gesagt, kann es langfristig für dich sehr nachteilige Folgen haben, wenn du deinen Partner beziehungsweise deine Partnerin vor deinem Kind boykottierst, schlecht oder klein machst. Diese Gefahr ist insbesondere dann gegeben, wenn bei einem von euch ein neuer Partner ins Leben getreten ist und der Schmerz darüber beim anderen sehr stark oder noch nicht verheilt ist.

Irgendwann jedoch bekommst du, oder wenn dein(e) PartnerIn der oder die „Schädigende“ ist, eben diese(r), von eurem Nachwuchs die Rechnungen für solche Handlungen auch präsentiert. Das Gleiche gilt, wenn du dein Kind zu deinem Seelentröster machst und es auf diese Weise auf dieselbe Ebene, auf der du dich selbst befindest, sprich auf die Erwachsenenebene holst. Jegliche Handlungen, die du im Zusammenhang mit dem physischen, emotionalen oder geistigen Wohlergehen deines Nachwuchses tätigst, tätigst du genau genommen nicht als Gefälligkeit für deine zukünftige Ex- oder für deinen künftigen Ex-Partner! Du setzt diese Handlungen für das Wohl deiner Kinder und für dein eigenes! Hier geht es auch um den Erhalt deines Selbstwertgefühls als fähiger Papa oder als qualifizierte Mama. Und ob dein zukünftiger Ex oder deine künftige Ex-Partnerin da zufällig auch profitiert, ist hier von der Priorität her betrachtet als sekundär zu werten!

1.3 Sei für deinen Nachwuchs präsent und halte deine Versprechen ein!

Ob du beim persönlichen Kontakt mit deinen Kindern mit deinen Gedanken wo anders bist oder sie immer wieder mit leeren Versprechen für die Zukunft abspeist, hat tragenden Einfluss sowohl auf die Bindung zum Kind als auch mindestens subtil auf deine Selbstachtung. Wenn deine Kinder irgendwann mal die Achtung vor dir verlieren sollten, was leider gar nicht so selten vorkommt, kann es ein Zeichen für vergangene Handlungen ihnen oder anderen gegenüber sein, die du dir innerlich selbst übel genommen hast, für die du dir unbewusst bis in alle Ewigkeiten grollst. Die Liebe, Achtungs- und Respektbezeugungen von Personen im Außen dienen dir als Spiegel für deine innere Commitment- und Paktfähigkeit, für deine Verlässlichkeit. Erlebst du gegenteilige Emotionsreaktionen im Außen auf dich als Person, gibt es in deinem Innenleben einiges zum Aufräumen. Und hier dienen dir deine dich liebenden Kinder gewaltig. Insbesondere Problemkinder und „Systemsprenger“ sind aus meiner Sicht ganz besonders tief liebende Wesen, die Eltern den Weg in die Selbstheilung und Selbstverantwortung auf psychischer, innerseelischer Ebene geradezu aufzwingen.

Je sturer du als Erwachsener dich der Selbstverantwortung, der dazu notwendigen Persönlichkeitsentwicklung verweigerst, desto mühsamer kann dein gegenwärtiger oder zukünftiger Weg mit deinen Kindern verlaufen. Rosenkriegsschlachtfelder während Scheidungsprozessen sind Wegaufbereiter zu liebenden Problemkindern. Du kannst wie schon angedeutet, viel Leid und Schmerz präventiv verhindern, wenn du präsent, commitment- und paktfähig für dich, deine Kinder und auf Elternebene auch auf der Erwachsenenebene bleibst. Hast du diese konstruktive Grundhaltung bereits verloren und dich von einem Weg der Kooperation auf Elternebene schon entfernt, suche dir adäquate, kompetente Unterstützung von einem außenstehenden Experten oder einer Therapeutin, der beziehungsweise die euch beiden aus einer allparteilichen wertschätzenden Perspektive hilft.

Was bedeutet eigentlich „präsent sein!“? Präsent mit jemandem, also insbesondere mit deinem Kind zu sein, heißt nicht das, was so manche Eltern praktizieren: mit dem Handy joggend den Kinderwagen zügig vor sich herzuschieben. Präsent zu sein heißt, mit allen Sinnen bei dir und deinem Gegenüber, zum Beispiel deinem Kind oder deinem Partner zu sein. Präsent zu sein bedeutet, mindestens mit dem Herzen, deinen Ohren und Augen physisch und mental anwesend bei und mit deinem Gesprächspartner zu sein. Präsent zu sein, heißt das Gegenüber, hier also dein Kind zu sehen und wahrzunehmen. Es fühlend zu spüren. Hinzuhören, was es dir sagen will und mit dem Herzen schlussfolgern, was wohl seine Bedürfnisse sind. Dann abzuwägen, ob die Bedürfnisäußerung deines Kindes oder die Befriedigung seines Bedürfnisses auch zu seinem besten Wohl dient und schließlich in seinem Sinne zu entscheiden, unabhängig davon, ob du als Erwachsener mit für dich anstrengenden Konsequenzen zu rechnen hast oder nicht.

1.4 Überprüfe und reflektiere, ob das, was dein Kind sagt, auch das aussagt, was es meint

Und in diesem Zusammenhang: Denke daran, deine eigenen mit den kindlichen Aussagen in Beziehung stehenden Bedürfnisse und Absichten zu überprüfen!

Wie viele Väter oder Mütter gibt es, die um des lieben Friedens willen oder auch aus einem Konkurrenzkampf gegen den zweiten Elternteil heraus dem Kind jeden Wunsch von der Nase ablesen und erfüllen? Und sich dann wundern, wenn das liebe Kind irgendwann zum Haus- und Hoftyrannen wird? Oder wie viele Väter und Mütter kennst du, denen es leicht fällt, Nein zu sagen, wenn sie sich von einem kindlichen Verhalten genervt fühlen, sich vor dem gleichen Wort aber maßlos fürchten und es meiden wie der Teufel das Weihwasser, wenn dieses Wort, gerichtet gegen den Willen des Kindes ausschließlich zu dessen Wohl gereicht? Irgendwann kehrt sich dann die Chefposition zu

Hause um und die Eltern – getrennt oder auch nicht – haben Handlungsnot. Die liebe Handlungsnot ist aber nicht als Ergebnis eines ach so schlimmen Balgs zu sehen, sondern Folgeerscheinung einer emotionalen Verwahrlosung des Kindes durch mangelnde mütterliche oder väterliche Präsenz.

Dein Kind sagt öfter einmal etwas anderes oder anders, als es (das) meint. Es spürt, wenn du wütend auf deinen künftigen Ex-Partner bist. Vertraue darauf, dass dein Kind dich nicht verletzen will! Und bevor es genau dazu kommt, kann es sein, dass es Dinge sagt, die es anders meint, vor allem dann, wenn der zweite Elternteil gerade abwesend ist. Von diesem geht in dessen Abwesenheit schließlich keine Gefahr aus, zumindest nicht für den Moment. In solchen Situationen tendieren Kinder dazu, Profi-Spalter zu sein. Sie kommen in Situationen hinein, in die sie nicht rein wollen, weil sie dazu tendieren, dich schützen zu wollen und du möglicherweise dazu neigst, ihre Aussagen genau dann zu überbewerten, wenn und weil sie dir gerade super in den Kram passen. Besonders behutsam und achtsam musst du in der äußerst sensiblen Angelegenheit sein, wenn es darum geht, ob dein Nachwuchs für einen kürzeren oder auch längeren Zeitraum zum zweiten Elternteil will oder nicht. Hier braucht es grundsätzlich eine gegenüber dem zweiten Elternteil wohlwollende Steuerung des kindlichen Verhaltens von dir. Falls dein Kind, deine Kinder sich weigern, den zweiten Elternteil sehen oder besuchen zu wollen, überprüfe bitte ganz genau deine aktuellen Emotionen und deine Haltung diesem gegenüber. Deine Kleinen fühlen deine positive oder auch negative Einstellung nämlich und es ist durchaus möglich, dass eine Aufenthalts- oder Besuchsverweigerung beim zweiten Elternteil nicht dem eigenen kindlichen Wunsch entspricht, sondern einem

Akt der Verlustangst einerseits sowie der (Nächsten-)Liebe und Loyalität dir gegenüber andererseits.

Deshalb ist es unglaublich wichtig, immer wieder dich selbst, deine Bedürfnisse, Intentionen und Handlungen zu reflektieren, weil du der oder diejenige bist, der oder die das Kind in die Rolle des Stellvertreterkämpfers gegen dein Gegenüber bringt. Es kommt vor, dass dein Kind genau das sagt, was du hören willst, obwohl es das nicht so oder eben ganz anders meint und dir einfach nur in zuvor eilendem Gehorsam dienen will. Eine Überprüfung der eigenen Absichten und Bedürfnisse sowie der Motivationen und Bedürfnisse deines Kindes steht umso mehr an, wenn du Aussagen hörst wie „Aber bei der Mama darf ich dieses oder jenes!" oder „Der Papa erlaubt mir immer das, was du mir verbietest!"

Vielleicht merkst du hier auch schon, dass es keinen Sinn macht, einen auf „Kontrolletti" zu spielen und dein Kind darüber auszuhorchen, was im Haushalt deines Ex-Partners passiert. Da kann dir dein Kind auch bei besten Heilungsabsichten nicht als verlässliche Informationsquelle dienen, weil du dir nicht sicher sein kannst, ob es dir Dinge erzählt, die du hören willst oder ob es sich tatsächlich um „Tatsachen" handelt.

Dein Kind sagt öfter einmal etwas anderes oder anders, als es (das) meint. Es spürt, wenn du wütend auf deinen künftigen Ex-Partner bist. Vertraue darauf, dass dein Kind dich nicht verletzen will! Und bevor es genau dazu kommt, kann es sein, dass es Dinge sagt, die es anders meint, vor allem dann, wenn der zweite Elternteil gerade abwesend ist. Von diesem geht in dessen Abwesenheit schließlich keine Gefahr aus, zumindest nicht für den Moment. In solchen Situationen tendieren Kinder dazu, Profi-Spalter zu sein. Sie kommen in Situationen hinein, in die sie nicht rein wollen, weil sie dazu tendieren, dich schützen zu wollen und du möglicherweise dazu neigst, ihre Aussagen genau dann zu überbewerten, wenn und weil sie dir gerade super in den Kram passen. Besonders behutsam und achtsam musst du in der äußerst sensiblen Angelegenheit sein, wenn es darum geht, ob dein Nachwuchs für einen kürzeren oder auch längeren Zeitraum zum zweiten Elternteil will oder nicht. Hier braucht es grundsätzlich eine gegenüber dem zweiten Elternteil wohlwollende Steuerung des kindlichen Verhaltens von dir. Falls dein Kind, deine Kinder sich weigern, den zweiten Elternteil sehen oder besuchen zu wollen, überprüfe bitte ganz genau deine aktuellen Emotionen und deine Haltung diesem gegenüber. Deine Kleinen fühlen deine positive oder auch negative Einstellung nämlich und es ist durchaus möglich, dass eine Aufenthalts- oder Besuchsverweigerung beim zweiten Elternteil nicht dem eigenen kindlichen Wunsch entspricht, sondern einem Akt der Verlustangst einerseits sowie der (Nächsten-)Liebe und Loyalität dir gegenüber andererseits.

Deshalb ist es unglaublich wichtig, immer wieder dich selbst, deine Bedürfnisse, Intentionen und Handlungen zu reflektieren, weil du der oder diejenige bist, der oder die das Kind in die Rolle des Stellvertreterkämpfers gegen dein Gegenüber bringt. Es kommt vor, dass dein Kind genau das sagt, was du hören willst, obwohl es das nicht so oder eben ganz anders meint und dir einfach nur in zuvor eilendem Gehorsam dienen will. Eine Überprüfung der eigenen Absichten und Bedürfnisse sowie der Motivationen und Bedürfnisse deines Kindes steht umso mehr an, wenn du Aussagen hörst wie „Aber bei der Mama darf ich dieses oder jenes!“ oder „Der Papa erlaubt mir immer das, was du mir verbietest!“

Vielleicht merkst du hier auch schon, dass es keinen Sinn macht, einen auf „Kontrolletti" zu spielen und dein Kind darüber auszuhorchen, was im Haushalt deines Ex-Partners passiert. Da kann dir dein Kind auch bei besten Heilungsabsichten nicht als verlässliche Informationsquelle dienen, weil du dir nicht sicher sein kannst, ob es dir Dinge erzählt, die du hören willst oder ob es sich tatsächlich um „Tatsachen" handelt.

1.5 Schaffe – wenn irgend möglich – ähnliche Regeln in den unterschiedlichen Haushalten

Erinnere dich an die Spiele: „Wenn der Papa Nein sagt, frage ich halt die Mama." Je ähnlicher die Regeln in beiden unterschiedlichen Haushalten sind, desto bessere Grenzen, Orientierungsmöglichkeiten und Sicherheiten schenkt ihr beide als Eltern euren Kindern. Sollte es nicht möglich sein, die gleichen Regeln in zwei unterschiedlichen Haushalten aufzustellen, ist es ratsam und sinnvoll, dies dem Kind oder den Kindern gemeinsam zu kommunizieren und gemeinsam festzuhalten, dass bei Mama diese Regeln gelten und bei Papa eben jene anderen. Hierfür ist es gut und notwendig, sich im Vorfeld natürlich über gemeinsame und unterschiedliche Grenzen und Regeln auszutauschen. Genau solche Themen fallen in eine Elternberatung, zum Beispiel in die Begleitung einer neutralen Kinderbotschafterin, die im Sinne und aus der Sicht eurer euch beide liebenden Kinder mit euch arbeitet.

1.6 Schaffe eine respektvolle und faire Gesprächskultur auf Elternebene

Solche und ähnliche Themen organisatorischer oder finanzieller Natur lösen leicht Missverständnisse und Konflikte aus, weshalb sie in Begleitung mit Hilfe eines allparteilichen, – im Sinne und aus der Perspektive von betroffenen Kindern denkenden – Experten leichter zu lösen sind als alleine. Auf diese Weise könnt ihr jedenfalls einfacher eine Kommunikationsbasis auf Elternebene schaffen als alleine. Eine respektvolle und faire Gesprächskultur auf Elternebene zu schaffen zählt zu den größten Geschenken, die du deinem Nachwuchs schenken kannst. Und die Ernte, die du selbst beziehungsweise ihr beide aus diesen Geschenken einfahren könnt, wird langfristig unglaublich ergiebig und bereichernd sein.

1.7 Arbeite an deinem Bewusstsein: Eltern sind und bleiben die besten Eltern für ihre Kinder. Elternsein bleibt Lebensaufgabe bis ans Lebensende!

Bitte nicht vergessen! Der Papa ist und bleibt der beste Papa, den es für dieses gemeinsame Kind gibt und die Mama ist und bleibt die beste Mama, die es für dieses gemeinsame Kind gibt. Lebensschenker bleiben Lebensschenker. Ein wertvolleres Geschenk, eine schönere Gabe als das Leben selbst gibt es nicht. Über die Inhalte dieser Wahrheiten, über Begründungen, warum das so ist, sei an anderer Stelle gesprochen und wurde darauf im ersten Teil dieses Buches auch schon ansatzweise eingegangen.

1.8 Bei Geld fängt die Freundschaft erst an!

Und ewig regiert das liebe Geld. Besser gesagt, wir lassen uns davon regieren. Du lässt dich davon dirigieren. Insbesondere Männer befürchten, von den Müttern ihrer Kinder finanziell ausgenommen zu werden. Auch wenn du das jetzt nicht hören willst: Hier handelt es sich bei genauer Betrachtung um ein Luxusproblem des Mannes und ein Abhängigkeitsproblem der Frau. Warum? Schlicht und einfach aus diesem Grund, weil in unseren Breitengraden statistisch betrachtet das männliche Geschlecht immer noch besser bezahlt wird als das weibliche. Weibliche Skills und Qualitäten sind in der männlich leistungsorientierten, technischen Berufswelt um vieles weniger gefragt und wertgeschätzt als männlich konnotierte technische Fertigkeiten und Fähigkeiten. Wie lange das bei unserer rapide alternden Gesellschaft noch so bleibt, ist fraglich. Aktuell entspricht diese Situation jedoch den Tatsachen, was einen sehr negativen Einfluss auf das kindliche Wohl hat und von der Politik nur marginal bis gar nicht geändert werden kann oder will. Natürlich bestätigen auch Ausnahmen die Regel. Manchmal verdienen Frauen mehr Geld als ihre Ehemänner und befinden sich dann gleichfalls in der Situation, gegenüber dem künftigen Ex-Mann und den gemeinsamen Kindern unterhaltspflichtig zu sein.

Dem besser verdienenden Ehegatten jedenfalls fallen die vom persönlichen Einkommen abfallenden Prozente der anstehenden Alimentationsleistungen mehr ins Auge als dem schlechter verdienenden. Verständlicherweise schmerzt jeglicher Gehaltsabzug, der im Falle einer Trennung dem Wohl der Kinder zugutekommt.

Dennoch: Eine großzügige Grundhaltung fördert nicht nur deine Kinder physisch, mental und in ihrer Ausbildung. Großzügigkeit mindert auch unbewusste Schuldgefühle des Nachwuchses dem weniger verdienenden Elternteil gegenüber. Großzügigkeit nährt gleichzeitig deinen eigenen Organismus, weil es sich dabei um eine positiv geladene, wohlwollende Haltung dir und allen gegenüber handelt, die von einer Dankbarkeit für alles gemeinsam durchlebte Vergangene getragen wird.

Die Frage, die man sich natürlich stellen muss, ist: Wie kann man elterliche Großzügigkeit wirtschaftlich so gebaren, dass sie einerseits für beide Elternteile fair ausfällt und andererseits dem Nachwuchs nachhaltig so zugutekommt, dass sich alle Beteiligten mit möglichen Lösungen wohlfühlen? In der Klärung dieser Fragen kann es wieder helfen, dir beziehungsweise euch allparteiliche Expertenhilfe zu holen. Diese Fragestellung reicht natürlich auch in die Fragen des örtlichen Hauptwohnsitzes sowie in die Aufenthaltsorte und -zeiten der Kinder hinein. Dabei handelt es sich um eine komplexe Thematik, die von beiden Elternteilen und außerdem von deren Arbeitgebern ein hohes Maß an Flexibilität und Toleranz fordert. Schaut man sich dieses Maß an Arbeitgeberflexibilität und Toleranz an, spürt man meines Erachtens die mangelnde gesellschaftliche Begeisterung für Kinder und wir dürfen uns über den hiesigen Überalterungsprozess und die daraus resultierenden Folgen nicht wirklich wundern.

International gesehen scheint sich diese Toleranz jedoch zu erhöhen und Wohnmodelle der Doppelresidenz setzen sich mehr und mehr durch. Es gibt auch internationale Untersuchungsergebnisse, die beweisen, dass das Modell der Doppelresidenz unabhängig von der Konflikthaftigkeit der Elternbeziehung für das Wohlergehen der Kinder eindeutig die bessere Wahl ist als das Modell des Hauptwohnorts bei einem Elternteil. Berufsbedingt fällt meine Meinung zur Antwort auf diese Frage nicht eindeutig aus. Aus Kinderaugen heraus betrachtet, sehe ich die Sinnhaftigkeit der Möglichkeit, das Doppelresidenzmodell zu praktizieren, durchaus als gegeben an.

Fühlt sich ein Kind zum Beispiel zwei Wochen lang im Monat bei der Mutter in deren Zuständigkeitsbereich willkommen und wohl und die anderen zwei Wochen beim Vater in dessen Zuständigkeitsbereich wohl und willkommen, so ist das für das Kind nach der Trennung der Eltern sicherlich die gedeihlichste Wohnvariante, solange beide Elternteile willens und dazu in der Lage sind, diese Form des Wohnens zu ermöglichen.

Meiner mehrfach gemachten Erfahrung nach können sich Experimente in Sachen kindliches Wohnen im Doppelresidenzmodell sehr zum Nachteil auf die psychische und emotionale Befindlichkeit von Kindern auswirken. Dies insbesondere dann, wenn es sich herausstellt, dass ein Elternteil möglicherweise

- doch höhere Freiheitsgelüste hat als das andere,

- beruflich häufiger ins Ausland muss – und das genau dann, wenn der Nachwuchs seine Aufenthaltszeiten bei ihm hat – oder

- einen neuen Partner findet, zu dessen Gunsten dann Kinder genau in ihrer Elternzeit auf den verliebten Papa oder die verliebte Mama verzichten müssen. Sorgen allerdings beide Eltern durch Paktfähigkeit und Verlässlichkeit dafür, dass Wohnvereinbarungen dieser Art zum Wohl des Nachwuchses eingehalten werden, profitieren Kinder immer davon, sowohl Papa als auch Mama, mit oder ohne neuen Partner, haben und lieben zu dürfen. Auch in diesen Fragen ist es durchaus förderlich, mit einer allparteilichen außenstehenden Person, einem Experten oder einer Expertin zusammenzuarbeiten. Diese betrachtet die Sachlage aus den Blickwinkeln der euch als Elternteile beide liebenden Kinder. Um im Sinne aller Beteiligten und in der Sache bestmöglich vermitteln zu können, ist es in der Zusammenarbeit mit belasteten Eltern unglaublich wichtig, ein Augenmerk auf die kindlichen Wünsche und Bedürfnisse zu haben.

Unabhängig von der Wohnsituation der Kinder ist es aber meinem Erachten nach für das Seelenleben eines Kindes viel bedeutsamer, dass ihm

- die Mama den Papa gönnt und umgekehrt,

- dass ihm vom Papa die Mama vergönnt wird,

  als die Frage, wo das Kind wohnt. Außerdem kann, wie schon gesagt, aus meiner Sicht das sinnvolle Doppelresidenzmodell wirklich nur dann die Lösung sein, wenn beide Elternteile daran arbeiten, organisatorisch, finanziell und emotional in der Lage zu sein, dieses hohe Maß an Lebensqualität dem gemeinsamen Nachwuchs gönnend zu ermöglichen.

Wohn- und Beziehungsqualität hat aus meiner Sicht nichts oder nur sehr wenig mit der zeitlichen Quantität zu tun, die man mit seinem Kind verbringt. Wohn- und Beziehungsqualität stärkst du mit einer großzügigen Grundhaltung immer. Der möglicherweise wichtigste Vorteil von Großzügigkeit gegenüber deinen Kindern und dem zweiten Elternteil kann jedoch auch darin liegen, dass Gelder in das Wohlergehen deines Nachwuchses fließen, statt in finanzielle Gewinne von Juristen und anderen Personen, die mit dir und deinem Leben, insbesondere mit deinem Kind, mit euren gemeinsamen Kindern, kaum bis nichts zu tun hatten und in Zukunft hoffentlich nicht haben werden. Also nimm lieber die „Gefahr" in Kauf, dass auch dein oder deine künftige/r Ex monatlich ein paar Euro mehr im Geldbeutel hat. Davon profitiert nicht nur die Psyche deiner Kinder, sondern auch die mit dem kindlichen Wohl zusammenhängende emotionale Grundbefindlichkeit deines künftigen Ex-Ehegatten und auch deine eigene.

Gerichtsprozesse und Streitigkeiten in Begleitung von Anwälten sind jedenfalls enorm kostspielig und lange andauernd. Ja, häufig sind sie auch im Interesse der Anwälte, weil diese ihr Honorar von der Gesamtsumme deines beziehungsweise eures gesamten Vermögens berechnen können. Je länger ein Scheidungsprozess fortdauert, desto höher werden sowohl Gerichtskosten als auch Anwaltshonorare. Dass ihr euch dadurch beide die Möglichkeit erschwert, euch wechselseitig achtend als Personen in den dann künftig bestehen bleibenden Rollen als Mutter und Vater gegenüberzutreten, versteht sich von selbst.

Für den eigenen Seelenfrieden und das Wohl der gemeinsamen Kinder erforderlich bleibende innerliche Versöhnungsarbeit zu leisten wird nur noch anspruchsvoller. Was gibt es für ein Kind Schöneres, als dass sich Mama und Papa als Menschen sein lassen und respektvoll behandeln? Genau das ist und muss zu den primären Zielen einer Kinderbotschafterin zählen, die im Sinne und Interesse von liebenden Kindern, deren Eltern in Krisen- und Konfliktsituationen begleitet.

1.9 Sei ehrlich mit deinem Kind

Kinder spüren, wenn es dir nicht gut geht und wollen je nach Alter auch wissen, warum das so ist. Statt genauere Auskünfte über die aktuelle Konfliktsituation mit deinem Partner zu geben oder gar über diesen oder sein Fehlverhalten zu schimpfen, kannst du ihnen Informationen geben wie zum Beispiel „Es geht mir mit der Mama oder mit dem Papa gerade nicht gut. Wir haben gerade keinen Kopf zusammen. Aber das hat mit dir nichts zu tun. Du darfst Papa oder Mama trotzdem lieb haben. Du gehörst auch zu ihm/zu ihr und er oder sie liebt dich genauso wie ich!" Wichtig ist, dass du es vermeidest, vor euren Kindern mit deinem Konfliktpartner zu streiten. Streit belastet Kinder massiv und führt sie in Ohnmachtsgefühle, weil sie weder dir noch deinem künftigen Ex-Partner, deiner künftigen Ex-Gattin helfen können. Auch ist es immens wichtig für die Kinderseele, dass du deinen Nachwuchs nicht zum

Seelenklempner für deine Sorgen und Nöte mit seinem zweiten Elternteil machst:

- Erstens überforderst du dein Kind mit solchen Handlungen
- zweitens kann es dir ohnehin nicht helfen
- drittens hebst du es auf die gleiche Ebene wie dich selbst, wo es jedoch nicht hingehört
- viertens sorgst du dafür, dass es unbewusst Partei – in diesem Fall für dich – ergreifen muss; du manipulierst es also zu deinen Gunsten, was
- fünftens automatisch in der Gefahr mündet, dass es seinen zweiten Elternteil verraten muss und sich genau diesen Verrat dann selbst nicht verzeihen kann.

Daraus können Traumatisierungen herausgehen, die dein Kind spätestens im Erwachsenenalter psychotherapeutisch verarbeiten muss.

Was kannst du im Sinne deiner Kinder für eine zukünftige konstruktive Beziehungsqualität auf Elternebene tun?

Wie du unschwer bemerken wirst: Lässt du dich von den Tipps, die du bisher schon erhalten hast, inspirieren und setzt sie gewissenhaft um, profitiert deine Elternbeziehung auf Erwachsenenebene mit deinem Ex-Partner oder deiner Ex- Partnerin immer. Jetzt könnte ich auf die uralte Weisheit: „Was du nicht willst, das man dir tu, das füge keinem andern zu!“ verweisen. Das werde ich aber nicht tun. Hier geht es ja nicht darum, wie die Bibel irgendwelche Gebote oder Verbote aufzustellen, an die du dich halten solltest oder dich bestenfalls immer schon gehalten hast. Hier geht es darum, im Nachhinein die Gläser deiner Brille, durch die du auf deinen Ex- Partner und auf eure gemeinsame Beziehung schaust, zu reinigen, zu tauschen oder darum, diese Brillen beziehungsweise Gläser überhaupt in die Tonne zu schmeißen!

Während deine jetzigen Brillengläser aktuell eine undefinierbare Farbe aus kotzgrün, grau, braun und schwarz haben mögen, hatten sie in vergangenen Zeiten andere Farben. Schönere, hellere, mal pastellfarben, mal strahlend, zwischendurch grau oder schwarz, dann wieder silbrig und golden leuchtend und so weiter und so fort. Für das Seelenwohl von dir selbst und vor allem für das psychische und mentale Wohlbefinden deiner Kinder ist ein Perspektivenwechsel von dir erforderlich geworden: Ein neutraler Blick, frei von emotionalen Ladungen auf die Person, mit der du kostbare Lebenszeit geteilt hast und mit der du gemeinsam Schätze, nämlich euer Kind, eure Kinder in die Welt gebracht hast. Dazu warst du nicht gezwungen. Das war deine freie Entscheidung.

Es geht darum, einen inneren Versöhnungsprozess mit den vergangenen Ereignissen und Geschehnissen zu finden. Dann geht es darum, dich für deine Entscheidung, die zum damaligen Zeitpunkt das Beste für dich und gleichzeitig das Beste für euch war, was du und ihr tun konntet, anzuerkennen. Es geht um das Initiieren eines inneren Friedensprozesses für dich selbst und darum, Leichtigkeit für deine Kinder, für ihre und für deine künftige Welt zu schaffen.

Das heißt, dass du Perspektivenwechsel vornehmen, neue Blickwinkel und Betrachtungsweisen entwickeln darfst, die dir und deinen Kindern Kraft, Power und sonstige enorme Gewinne bringen werden.

Eine Einführung, eine Initiierung dieses innerlichen Versöhnungsprozesses mit dem, was im Außen war und gerade ist, erfährst du in dem Videocoachingkurs „Elternberatung für Scheidungspaare“, den ich wie dieses Buch auch, im Sinne der UN-Kinderrechtskonvention und des österreichischen Außerstreitgesetzes für dich kreiert habe und den du auf der Website **https://scheidungselternberatung.at** findest.

Wie in diesem Buch hoffentlich auch, wirst du in diesem Kurs merken, dass sich während des Kurses bei dir schon wohltuende Erkenntnisse als Auslöser für mögliche positive Veränderungen einstellen können und werden. Je nach Schwierigkeitsgrad des Konfliktes mit deinem künftigen Ex-Partner, deiner künftigen Ex-Ehegattin kann es aber sein, dass ihr tiefergreifende Hilfe brauchen könnt. Vielleicht bist du von deiner Ex-Partnerin, deinem Ex-Gatten ja auch bereits einvernehmlich geschieden und die Schwierigkeiten im Zusammenhang mit organisatorischen Fragen, dem Aufenthalt eurer Kinder, der Obsorge für dein Kind, des Kontakts oder der Alimentationsgebarung treten erst jetzt im Nachhinein auf? Vielleicht zeigen eure Kinder auch schon Verhaltensauffälligkeiten, weil sie euer Streit innerlich zerreißt oder sie dir in ihrer Ohnmacht zeigen wollen, dass sie Hilfe von dir und euch brauchen, oder oder oder!

Wenn du Hilfe brauchst oder wenn ihr gemeinsam Unterstützung braucht, finden sich Wege und Lösungen. Ich biete dir entweder alleine oder euch beiden gemeinsam an, euch als durch den Dschungel jeglicher Beziehungsangelegenheiten, sei es mit PartnerIn oder Kind, unterstützend zu begleiten.

Eine gute Alltagsgestaltung basiert auf einer guten Beziehungsgestaltung. Dabei wünsche ich dir und euch gemeinsam gute Prozesse, gedeihliches Wachstum auf allen Ebenen und viel Freude mit den daraus resultierenden Erfolgen wahrhaftiger Natur.

Herzlich

eure Isabel

Mag.ª phil. Isabel Ebner
als Kinderbotschafterin und Wahrnehmungspsychologin
Wort und Stimme liebender Kinder

Über mich und Kurzbiografie

Als erstgeborene Tochter eines Unternehmerehepaars wurde ich 1973 in Baden-Württemberg, der schönen Stadt Freudenstadt im Schwarzwald geboren. Knapp ein Jahr später übersiedelten meine Eltern mit mir nach Kärnten, bauten dort innerhalb der nächsten zweieinhalb Jahre Haus und Firma auf und bekamen noch meine zwei jüngeren Brüder. Muttersprachlich hochdeutsch, das familiäre Religionsbekenntnis nicht katholisch, sondern evangelisch, fühlte ich mich fremd in der kleinen Gemeinde und in weiterer Folge auch im Gymnasium der Kärntner-Slowenischen Volksgruppe, das ich acht Jahre lang besuchte. In der dritten Klasse Gymnasium sprach ich endlich fließend sowohl den Kärntner deutschsprachigen Dialekt als auch das Hoch-Slowenische. Ich liebte meine KlassenkameradInnen in der Grundschule und auch im Gymnasium, suchte jedoch meine gesamte Ära der Kindheit und Jugend meinen Platz, ewig nachfühlend, dennoch nicht findend, wo ich hingehörte. Die Eltern hatten keine Zeit, die nächsten gleichaltrigen Nachbarskinder lebten zwei Kilometer weit entfernt, mein Anker war die Liebe zu meinen Geschwistern und zur Natur.

Fühlend, intuitiv wahrnehmend, suchend und Realitäten hinterfragend, übte ich mich seit ich denken kann schon darin, Menschen und Beziehungen in ihrer Authentizität und Kongruenz fühlend wahrzunehmen. Schon früh begann ich mich für Psychologie und Persönlichkeitsentwicklung zu interessieren. Nach dem Abitur, der Matura verschlug es mich zunächst nach Graz, wo ich – wie ich es mir im Alter von elf Jahren vorgenommen hatte – Rechtswissenschaften studieren wollte. Als dass ich aber als erste deutschsprachige Schülerin das Gymnasium als Schulsprecherin nach außen vertreten und jährlich zweisprachige Kulturwochen organisiert hatte, holten mich meine Netzwerkfreunde wieder nach Kärnten, wo ich mich beruflich als Organisations- und Eventmanagerin parteiunabhängig im politischen Umfeld betätigte. Mein Studium vernachlässigte ich irgendwann. Es war mir wichtiger, zu arbeiten und Geld zu verdienen. Diese Intention führte mich in die Finanzdienstleistung, wo ich von 1996 bis 2003 tätig war, währenddessen ich ab 1999 bis 2003 parallel Psychologie studierte.

Meine Diplomarbeit verfasste ich zum Thema Soldatinnen. Daraus entstand mein erstes Buch „Soldatinnen als Spiegel der Gesellschaft", für das Frau Prof.in Dr.in Rotraud Perner das Geleitwort verfasste und mir den Weg in meine erste Coaching- und Vortragstätigkeit ebnete. Als erste und einzige Forscherin und Expertin für Gender Mainstreaming im Zusammenhang mit dem Österreichischen Bundesheer, durfte ich zwei Jahre lang in Blockveranstaltungen Offiziere des österreichischen Bundesheeres in diesem damals aktuellen Konfliktfeld begleiten. Parallel begleitete ich zwischen 2006 und 2011 Hunderte KlientInnen in persönlichen, insbesondere in Partnerschaftsangelegenheiten, arbeitete im Frauenhaus mit von Gewalt betroffenen Frauen und Kindern, bis mein Weg mich im November 2011 in die Kinder- und Jugendhilfe führte.

Seither durfte ich mehr als ein Jahrzehnt im Rahmen des österreichischen Kinder- und Jugendhilfegesetzes und Auftrag von Jugendämtern Kinder und Erwachsene in ihren Sorgen und Problemen sozialpädagogisch und psychologisch begleiten. Meine Expertisen umfassen akademisches psychologisches, juristisches und pädagogisches Wissen, gepaart mit hoher Sensitivität, Empathie und Klarheit. Meine Erfahrung ist, dass psychische Schmerzen von Kindern und Jugendlichen während und nach Trennungssituationen massiv gelindert werden können, wenn Eltern gelernt haben, wie man auf Erwachsenen- & Elternebene miteinander so umgeht, dass man einander als ganzen Mensch leben lässt.

Häufig sind Scheidungen Auslöser für sehr tragische Lebensumstände. Mit meinen Arbeitsstrategien und -methoden war es mir innerhalb meiner gesamten Laufbahn in der Kinder- & Jugendhilfe gelungen, die Familien so zu begleiten, dass sich jegliche Kindesabnahmen erübrigten.

Heute helfe ich als Kinderbotschafterin und Wahrnehmungspsychologin, Wort und Stimme liebender Kinder, aus deren Sicht und Perspektive, mit ganzem Herzen euch Eltern durch den Dschungel von Beziehungskonflikten und sonstige schwierige Lebensphasen in ein gutes Leben danach – für alle Beteiligten. Zu den schmerzhaftesten Lebensphasen gehören insbesondere Trennung und Scheidung. Ziel meines gemeinsamen Wirkens mit Eltern ist, dass Eltern nicht dauernd an Trennung denken müssen. Und wenn Trennung und Scheidung schon ins Haus stehen oder gar vollzogen sind, Rosenkriege zu vermeiden oder da auch wieder herauszuhelfen. Für alles gibt es Lösungswege. Damit Kinder nicht traumatisiert, sondern fröhlich und in Leichtigkeit durch ihr weiteres Leben gehen können.

Kurzbiografie Mag.ª Isabel EBNER

Psychologiestudium an der Alpen-Adria Universität Klagenfurt / Celovec (Zertifikat: Universitäts-Bescheid aus 2005), staatl. gepr. Vermögens- & Finanzierungsberaterin (Zertifikat aus 1996), Lebensqualitätsbegleiterin, Lebens- & Sozialberaterin (Zertifikat: Bescheid aus 2012), Trägerin für Familienintensivbetreuung und Ambulante Betreuung (Zertifikat: Bescheid des Landes Kärnten aus 2013), § 95 Abs. 1a Außerstreitgesetz- Elternberatung bei einvernehmlicher Scheidung (Zertifikat aus 2013), Creativ-Power® Personalcoach (Zertifikat aus 2017), Creativ-Power® Hypnosecoach (Zertifikat aus 2017), Energetische Psychologin nach Dipl. Psych. Živorad Mihajlovic Slavinski

(Zertifikat aus 2007), Dipl. Energetikerin nach Dr.in Christa Brugger (Zertifikat aus 2007), Mediationsausbildung (Zertifikate aus 2002 & 2012), Rechtswissenschaften an der Johannes Kepler Universität Linz (Zertifikat: 1. Diplomprüfungszeugnis 2009), Family Support Training für liebevolle Erziehung® (Teilnahmebestätigung aus 2014), Trainerin Strengthening Families Programme (Zertifikat aus 2015), Aus- & Fortbildung "Der Clown" (Zertifikat des Figurentheater-Kollegs Bochum aus 2019), Speakerausbildung / Goldprogramm bei & mit Hermann Scherer (Zertifikat aus 2020), Unternehmermentoring „Die Platonier" von & mit Alexander Christiani (Zertifikat aus 2022), § 107 Abs. 3 Z 1 Außerstreitgesetz- Elternberatung bei einvernehmlicher Scheidung (Zertifikat aus 2022), Ausbildung Öffentlichkeitsauftritt & Inszenierung / Platinprogramm bei & mit Hermann Scherer (Zertifikat aus 2022),

Sprachausbildung: Slo, Hro/Bos/Srb

2001 – 2003 Projektmanagement (Organisation, Projektumsetzung, - Ablauf, Evaluierung & Berichterstattung) sowie psychologische Betreuerin für beeinträchtigte und nicht beeinträchtigte männliche Jugendliche im Rahmen des Lehrlingsausbildungs- und Integrationsprojekts „Zentrale Lehrwerkstätte" bei RHI Refractories / Werk Radenthein: Veitsch-Radex GmbH & Co KG

Seit 2006 spirituell-psychologische (Analyse, Beratung und Betreuung in eigener) Praxis für Menschen und Unternehmen in Not- und Krisensituationen „lebensqualitaet.at" mit Hauptaugenmerk auf die Problematik der Finanzgebarung und deren Auswirkungen auf die aktuelle Lebensorganisation

2007 Bucherscheinung „Soldatinnen. Das Militär als Spiegel der Gesellschaft“, mit einem Vorwort von Univ. Prof.in Dr.in Rotraud Perner. 2007 – 2009 Gastdozentin an der Theresianischen Militärakademie in Wiener Neustadt

2008 – 2009 Fachkraft für psychosoziale Frauenbetreuung im Frauenhaus Klagenfurt; Spezialgebiet: sozialpädagogische Betreuung von slowenischen, bosnischen, serbischen, kroatischen Frauen und deren Kindern in deren Muttersprache.

2010 – 2011 Projektmanagement in Beteiligungs-GmbH sowie i. R. des nebenberuflich praktizierten Jus-Studiums an der JKU Linz, juristische Praxis als Rechtsanwaltskanzleiassistentin Okt.

2011 – Juni 2013: Vereinsaufbau & Organisation sowie Unterstützung des Vereins „Unser Land zusammenwachsen.at – rastimoskupaj.at“, Kooperation mit Dr. Wilfried Graf / Friedensforschungszentrum der AAU Klagenfurt: LV „Theorie und Praxis der zivilen Konfliktbearbeitung“ sowie praktische Umsetzung in Volksgruppenfeldern

Seit Nov. 2011: Familienintensivbetreuerin im Rahmen und Auftrag der Kärntner Kinder- und Jugendhilfe, seit Dez. 2013: Selbstständige Trägerschaft für Familienintensivbetreuung & Ambulante Betreuung nach dem Kinder- & Jugendhilfegesetz durch Bescheid der Kärntner Landesregierung, 2016 – 2021 Sozialpädagogische Fachkraft bei B3 Netzwerk Kinder, Jugend & Familien gGmbH & ARGE Flexible Hilfen Murtal.

Zielgruppe in meiner Tätigkeit als Familienintensiv- & ambulante Betreuerin:

Familien und alleinerziehende Mütter und Väter aus der Kärntner-Slowenischen Volksgruppe und/oder mit Migrationshintergrund slowenischer, bosnischer, kroatischer oder serbischer, aber auch anderer Nationalitäten in finanziellen Krisensituationen. Halt- & Identität suchende Kinder, Jugendliche und Erwachsene. Arbeitsschwerpunkte: Analyse, Beratung, Betreuung, Unterstützung bei finanziellen Problem- und Krisensituationen, Schulleistungssteigerung & Notenverbesserung, Scheidungsproblematiken, Gewaltprävention, innerfamiliäre und intrapersonelle Konflikte.

Ab 2022 Neupositionierung als Entrepreneurin. Als Kinderbotschafterin und Wahrnehmungspsychologin, Wort und Stimme liebender Kinder, helfe ich Eltern durch den Dschungel von Beziehungskonflikten, damit sie ein harmonisches Familienleben genießen können, ohne ständig über eine Trennung nachdenken zu müssen. Auch wenn die Scheidung schon beschlossen ist, helfe ich einen Rosenkrieg zu vermeiden oder da wieder heraus zu kommen, damit Eltern dennoch harmonisch leben und Kinder unbeschwert aufwachsen können.

Brauchst du tiefere Hilfe, Unterstützung oder Begleitung, fühle dich eingeladen, dich an mich zu wenden. Wie gesagt: Ich schenke dir ein 30 Minütiges, kostenloses Beratungsgespräch. https://isabel-ebner.com

Zitationen, Anmerkungen und Bibliographie:

1 Vgl. Joachim Bauer 2006, S. 85 ff.

2 https://www.stern.de/gesundheit/die--superdroge--aus-dem-netz----in-der-pandemie-leiden-mehr-menschen-an-pornosucht-30436082.html

3 Dieser Begriff ist dem Märchen „Die warmen weichen Pelzchen“ der Gebrüder Grimm entnommen.

4 Eigene Begriffsdefinition der Autorin. Siehe S. 15 f.

5 Chuck & Lency Spezzano 2002: Romantik und Machtkampf. Beziehungsstadien I & II

6 vgl. Jed McKenna 2009, Spirituelle Dissonanz, S. 44 ff.

7 Introjektion ist in der Psychoanalyse der umgekehrte Vorgang der Projektion, d.h., es werden fremde Anschauungen, Motive, Verhaltensweisen ins eigene Ich aufgenommen.

Dabei geht es nicht um die legitimen Formen des Lernens, sondern um Imitationen, die dem eigenen Ich eigentlich fremd sind und etwa der Abwehr von Minderwertigkeitsgefühlen dienen sollen. Eine häufig anzutreffende Form einer Introjektion ist bei besonders streng erzogenen Kindern die Übernahme der Normen ihrer Eltern, wobei diese zu noch strengeren Eltern werden. Es kann sich daraus aber auch ein übertrieben behüteter Erziehungsstil bei den eigenen Kindern entwickeln.

Siehe: http://lexikon.stangl.eu/4409/introjektion/ © Online Lexikon für Psychologie und Pädagogik

8 Cornelia König-Becker, 2002, Mein Kind von 0 bis 6. Ein Elternhandbuch für die wichtigsten Jahre, S. 217

9 8 Ebd., S. 216 f.

10 Vgl. z. B. Brian Tracy, Raho Bornhorst und etliche andere

11 https://de.wikibooks.org/wiki/Elementarwissen_medizinische_Psychologie_und_medizinische_Soziologie:_Theoretisch_psychologische_Grundlagen

12 http://www.duden.de/rechtschreibung/Gefuehl

13 http://www.duden.de/rechtschreibung/Emotion

14 https://www.therapie.de/psyche/info/index/diagnose/persoenlichkeitsstoerungen/narzisstisch/#:~:text=Merkmale%20narzisstischer%20St%C3%B6rungen&text=Umgangssprachlich%20versteht%20man%20unter%20einem,sich%20anderen%20gegen%C3%BCber%20r%C3%BCcksichtslos%20verh%C3%A4lt

15 Wikipedia - Strukturmodell der Psyche

16 https://www.ris.bka.gv.at/Dokument.wxe?Abfrage=Justiz&Dokumentnummer=JJT_20211209_OGH0002_0050OB00134_21Y0000_000

17 Ein Forschungslabor führte ein Experiment durch, in welchem ein Frosch in Wasser gesetzt wurde. Das Wasser, in dem der Frosch saß, wurde nach und nach erwärmt.
Für den Frosch wurde das Wasser, in dem er sich befand, immer wohliger und wärmer. Die Temperatur wurde so angenehm für den Frosch, dass er in einem Zustand der Bewegungsunfähigkeit gekocht wurde und starb. Siehe: https://karrierebibel.de/boiling-frog-syndrom/

18 Vgl. https://oe1.orf.at/artikel/205105/Der-Koerper-luegt-nicht

19 https://sbg.lko.at/lebensfrage-konflikte-zwischen-generationen+2400+3221108

20 https://de.wikipedia.org/wiki/Abnabelung

21 https://www.statistik.at/suche?tx_solr%5Bq%5D=ehescheidungen+2021

22 https://de.statista.com/statistik/daten/studie/484867/umfrage/anzahl-minderjaehrige-scheidungskinder-in-deutschland/#:~:text=Die%20Anzahl%20der%20minderj%C3%A4hrigen%20Scheidungskinder,Tiefst%2D%20und%202008%20ihren%20H%C3%B6chststand

23 https://de.statista.com/statistik/daten/studie/484867/umfrage/anzahl-minderjaehrige-scheidungskinder-in-deutschland/#:~:text=Die%20Anzahl%20der%20minderj%C3%A4hrigen%20Scheidungskinder,Tiefst%2D%20und%202008%20ihren%20H%C3%B6chststand

24 **https://www.youtube.com/watch?v=6HdUvsGgpUQ**

25 Ausführliche Information zu diesem Thema gibt dir das Buch der Medizinjournalistin Anne Simons und Dr. med. Alexander Rucker: „Gesund länger leben durch OPC: Der natürliche Vitalstoff für das neue Jahrtausend", erschienen 2017 im Maya Media Verlag

Bildnachweise

Trennung sw 01
Frustriertes Mädchen ermüdet von den Elternkämpfen

Lizenz Canva/Getty Images Pro
Autor fizkes

Trennung sw 02
Unhappy Couple in a Quarrel Decide on Divorce Separation

Lizenz Canva
Autor studioroman

Trennung sw 03
Crying little girl sitting separately from parents after their arguing
Lizenz Canca/Prostock-Studio/GettyImages

Trennung sw 04
Mann und Frau sitzen nach dem Kampf getrennt auf der Couch
LizenzCanva Pro/Getty Images Pro
Autor: fizkes

Trennung sw 05
Unglückliche Familie zu Hause
Lizenz Canva Pro/Syda Productions

Trennung sw 06
Trennung von Familienmitgliederkonzepten
Lizenz Canva Pro / Getty Images
Autor: takasuu

Trennung sw 07
a business woman separate wooden people into two group
Lizenz Canva Pro / Getty Images
Autor: Farknot_Architect

Trennung sw 08
Parents divorce and fight
Lizenz Canva Pro/Getty Images
Autor: Nikodash

Trennung sw 09
Nicht erkennbare Familie, die im Herbstpark spaziert
Lizenz Canva / Pexels
Autor: Marina Abrosimova

Trennung sw 10
Family
Lizenz Canva Pro / Getty Images Signature
Autor: stevecoleimages

Der Galgen Trennung sw 15
Kai Stachowiak hat dieses „Der galgen“ -Bild unter der Public Domain-Lizenz veröffentlicht
Quelle: https://www.publicdomainpictures.net/de/view-image.php?image=224217&picture=der-galgen

Trennung sw 13
Family Baking
Lizenz Canva Pro
Autor Geber86

Trennung sw 14
Eagle Feeding Chicks in Nest
Lizenz Canva Pro/Getty Images
Autor: BirdImages

Trennung sw 16
Marathon Runners
Lizenz Canva Pro / Getty Images Signature
Autor: vgajic

Trennung sw 17
Finish Line of a Marathon
Lizenz Canva Pro / Getty Images Signature
Autor: FatCamera

Raum für deine persönlichen Notizen:

Printed in Poland
by Amazon Fulfillment
Poland Sp. z o.o., Wrocław

19779045R00137